# *Ānāpānassati*
# Atención plena en la respiración

## Tres textos cardinales

**Miguel Ángel Romero**

Prólogo por el venerable

**Bhikkhu Padīpo**

Pariyatti Press

Pariyatti Press
*una imprenta de*
Editorial Pariyatti
www.pariyatti.org


Contacto: drmiguelromero@yahoo.ca

ISBN: 978-1-68172-863-6 (rústica)
ISBN: 978-1-68172-864-3 (ePub)
ISBN: 978-1-68172-865-0 (Mobi)
ISBN: 978-1-68172-866-7 (PDF)

Fotografía de portada de Neil Fedorowycz (unsplash.com/@fedweb).
Diseño de portada de Nalin Ariyarathne.

*A mis padres y maestros*

# ÍNDICE

Agradecimientos vii

Prólogo ix

Introducción 1

Majjhima Nikāya 118 (*Ānāpānassati Sutta*) 7

Notas – *Ānāpānassati Sutta* ..... 17

El Camino de la discriminación (*Paṭisambhidāmagga*) 25

Notas – *Ānāpānassatikathā* ..... 94

El Camino de la liberación (*Vimuttimagga*) 101

Notas – *Vimuttimagga* (Capítulo 8) ..... 112

Lista de abreviaturas y siglas 129

Bibliografía 131

# AGRADECIMIENTOS

El traductor agradece al venerable Bhikkhu Padīpo el haber escrito el prólogo de esta obra y al Lic. Héctor Pérez Solano por las correcciones efectuadas a los textos traducidos.

El agradecimiento se extiende también a Steve Hanlon y Brihas Sarathy—editor y director ejecutivo de Pariyatti, respectivamente.

# PRÓLOGO

La presente obra ofrece a personas interesadas en la meditación, una valiosa compilación de tres textos relacionados con *ānāpānassati* o atención plena en la respiración, traducidos desde el pāli y desde el inglés al español. Dichos textos ofrecen al lector de habla hispana una herramienta que es a la vez una guía para la práctica y una fuente de estudio.

El libro no requiere tener un conocimiento técnico o académico para implementar su contenido. Tampoco es necesario entender todo el libro. Cualquier lector interesado en meditación, con experiencia previa o sin ella, puede simplemente tomar una frase o un fragmento para reflexionar, investigar y ponerlo en práctica — *Él entrena así: "Inhalaré experimentando gozo"; él entrena así: "Exhalaré experimentando gozo"—.* También se encuentran algunos símiles, como el del sonido de un gong o el movimiento de una sierra, que reflejan de forma directa cómo funciona la mente y cómo puede ser entrenada. Son comparaciones de la vida cotidiana, pero su profundidad está justamente en su sencillez, ya que pueden ser contempladas y aplicadas.

Por otro lado, también es verdad que los interesados en las escrituras budistas y en el idioma pāli encontrarán aquí un material muy valioso, con muchos términos originales entre paréntesis y otras secciones completas en pāli que mantienen viva la conexión con la lengua original de los textos.

Sea cual sea el enfoque, lo esencial es no quedarse en la teoría. En el corazón de estos textos está la *siempre presente* respiración. La atención plena a la inhalación y a la exhalación es una técnica simple pero profunda para el cultivo de la *quietud lúcida* y el discernimiento. Las enseñanzas del Dhamma han sido conservadas de generación en generación por más de 2500 años no solo para ser estudiadas, sino para ser vividas. Espero que el lector encuentre en estos textos inspiración y curiosidad para sentarse en silencio a observar y explorar la respiración, ya que su práctica continua tiene como resultado grandes, e incluso inmensurables, beneficios.

Agradezco profundamente a Miguel Romero por su generosidad, dedicación y por el esfuerzo de hacer estos textos accesibles en español, permitiendo así que quienes hablamos esta lengua y nos interesamos en el Dhamma, podamos profundizar en el camino hacia la liberación.

Padīpo Bhikkhu<br>Monasterio Tisarana

# INTRODUCCIÓN

La presente obra es una recopilación de tres textos pertenecientes a la escuela budista Theravāda, los cuales abordan el tema de la atención plena en la respiración. Esta práctica forma parte del primer fundamento de la atención plena: la atención plena en el cuerpo. A su vez, los cuatro fundamentos de la atención plena constituyen el séptimo factor del Noble Óctuple Sendero, la vía de liberación descubierta y enseñada por el Buda.

El primer texto, el *Ānāpānassati Sutta*, es el texto seminal, traducido a partir de la versión pāli encontrada en el *Mahāsaṅgīti Tipiṭaka Buddhavasse 2500*. El segundo texto lo constituye la sección sobre la atención plena en la respiración que forma parte de la obra canónica *Paṭisambhidāmagga*, —cuya versión en pāli fue tomada de la fuente arriba mencionada y fue también traducida directamente del pāli al español. En ambas traducciones se utilizó la asistencia de los modelos de lenguaje Copilot, ChatGPT 4–Plus, y ChatGPT 5, así como de los diccionarios pāli–inglés mencionados en la bibliografía y las herramientas digitales disponibles en suttacentral.net. Cabe mencionar que recientemente se publicó una traducción directa del pāli al español de este segundo texto por el venerable Bhikkhu Nandisena (ver la referencia 7 en la bibliografía). El tercer texto es una traducción del inglés al español del capítulo 8 de la obra postcanónica *The Path of Freedom (Vimuttimagga)* por el *Arahant* Upatissa, que trata sobre la atención plena en la respiración. Esta obra ha sido publicada por la *Buddhist Publication Society* y contiene numerosas notas que no forman parte del texto original. Gran parte de estas notas están escritas en pāli y han sido traducidas directamente al español, según lo descrito anteriormente.

En el caso del del *Paṭisambhidāmagga* —junto con la traducción del venerable U Nandisena—, existe una traducción del pāli al inglés por el venerable Bhikkhu Ñāṇamoli, ambas pueden compararse con la presente traducción al español. Así mismo, las notas traducidas del *Vimuttimagga* provienen de fuentes canónicas y de los comentarios, por lo cual también pueden ser corroboradas.

## Metodología y objetivo

Antes de la llegada de los modelos de lenguaje basados en inteligencia artificial (IA), la traducción de textos pāli estaba limitada un número reducido de eruditos y expertos. Sin embargo, en la actualidad, esa tarea se ha vuelto más accesible al público en general. A pesar de no ser una herramienta infalible—pues, como ocurre con cualquier traductor digital, se cometen errores que deben corregirse—es sorprendente el grado de coherencia y exactitud que se puede alcanzar con estos modelos. En particular, la mayoría de los aspectos gramaticales y sintácticos quedan, en gran medida bien resueltos por esta tecnología, cuyas capacidades pronto estarán a la altura de los mejores traductores de cualquier lengua.

La presente obra debe considerarse como un experimento en el uso de esta nueva tecnología. Este trabajo dio pie a innumerables reflexiones y, necesariamente, obligó al autor a profundizar en diversos aspectos del pāli. La intención del autor es compartir dicho experimento con el lector hispanohablante, pues considera que la lectura de estos textos—fundamentales para comprender la práctica meditativa del budismo Theravada—resultará enriquecedora, incluso si la traducción no es perfecta.

En esta compilación la obra seminal es el *Ānāpānassati Sutta*; tanto las secciones correspondientes del *Paṭisambhidāmagga* y el *Vimuttimagga*, se derivan de ella, expandiendo su contenido. Proporcionar al lector de habla hispana las tres obras en un solo volumen le permitirá explorar cómo se desarrollan y amplían las enseñanzas originales del Buda sobre la atención plena en la respiración.

Se espera que, a través de un análisis comparativo, el lector llegue a una comprensión más profunda de esta práctica y de su papel en el camino hacia la liberación del sufrimiento, facilitando tanto la purificación de la mente como una comprensión más profunda de la naturaleza última de la realidad.

## Descripción de los textos

El *Ānāpānassati Sutta* (*Majjhima Nikāya* 118) es uno de los textos fundamentales del Canon pāli que expone la práctica de la atención plena en la respiración (*ānāpānassati*). Este *sutta*, pronunciado por el Buda, no solo establece un marco detallado para la meditación basada en la respiración, sino que también la vincula con los cuatro fundamentos de la atención plena (*satipaṭṭhāna*), los siete factores de la iluminación (*bojjhaṅga*) y, finalmente, con la liberación del sufrimiento (*dukkha*).

El núcleo del *sutta* se estructura en cuatro tétradas. La primera tétrada se centra en la atención plena en el cuerpo, la segunda en las sensaciones, la tercera en la mente y la cuarta en los fenómenos relacionados con el conocimiento introspectivo. Cada una de estas tétradas guía al practicante a través de diferentes etapas de desarrollo mental, desde la atención plena básica en la respiración hasta la contemplación profunda de la transitoriedad y el desapego.

El *Ānāpānassati Sutta* ha sido la base para numerosos comentarios y tratados posteriores dentro de la tradición budista Theravada. Dos de las obras más significativas que desarrollan y amplían las enseñanzas de este *sutta* son las secciones dedicadas a la atención plena en la respiración en el *Paṭisambhidāmagga* y el *Vimuttimagga*.

Aunque pertenecen a épocas diferentes, ambos textos abordan en mayor detalle la práctica de la atención plena en la respiración y amplían múltiples aspectos de esta práctica, considerada un elemento esencial en el camino hacia la liberación.

El *Paṭisambhidāmagga*, también conocido como *El Camino de la discriminación*, forma parte del *Khuddaka Nikāya*, la quinta división de los textos propios de los *suttas* en el Canon pāli. Su autoría es atribuida al venerable Sāriputta Thera y sus discípulos. Es considerado un texto de gran autoridad, ya que fue compuesto por el discípulo al que el mismo Buda declaró como el de mayor prominencia en la facultad de sabiduría.

El texto tiene un enfoque analítico y sistemático que, en la sección correspondiente, desglosa los aspectos fundamentales de la atención plena en la respiración. En particular, profundiza en los aspectos técnicos de la meditación, como la aparición del "signo" (*nimitta*), la imagen mental que surge como resultado de la atención plena y concentración, y que es considerada un elemento clave para el desarrollo de las prácticas de serenidad e introspección (*samatha-vipassanā*). Se estima que la obra fue finalmente compuesta por el linaje de discípulos del venerable Sāriputta alrededor del siglo II d.C.

El *Vimuttimagga*, conocido como *El Camino de la liberación*, es un manual de práctica budista que expone de manera práctica los requisitos y los aspectos más importantes de las diferentes prácticas meditativas. Al igual que el *Paṭisambhidāmagga*, incluye una sección dedicada específicamente la práctica de la atención plena en la respiración, en la que se analizan diversos aspectos clave, como el papel del signo (*nimitta*) en la meditación y la manera en que este puede ser utilizado para profundizar en el desarrollo la práctica meditativa.

La obra fue escrita por el *arahant* Upatissa en la India alrededor de los siglos I o II d.C. Se cree que el texto original fue redactado en pāli o en sánscrito híbrido; sin embargo, la versión que ha sobrevivido es una traducción al chino realizada por el *Tipiṭaka* Sanghapāla de Funan en el siglo VI. Aunque el texto no forma parte del Canon pāli, su origen temprano, la calidad espiritual del autor y la claridad de su exposición lo distinguen como una obra de gran autoridad.

Una obra posterior más conocida, el *Visuddhimagga*, *El Camino de la purificación*, fue escrita por Ācariya Buddhaghosa aproximadamente en el siglo V d.C. en Sri Lanka. Este texto tiene un carácter más analítico en comparación con su análogo, el *Vimuttimagga*, que se considera más accesible y práctico.

La presente obra no aborda el *Visuddhimagga*, ya que el enfoque se centra en textos más tempranos. Cabe mencionar que tanto el *Paṭisambhidāmagga* como el *Vimuttimagga* fueron escritos por autores reconocidos por haber alcanzado el estado de *arahant* antes de la redacción de sus respectivos textos, lo que les confiere una sólida confiabilidad.

Para cada uno de los tres textos presentados en esta obra, se ha incluido al final de cada uno una selección de notas y referencias, que no son exhaustivas. En particular, se han utilizado algunos de los comentarios y notas escritos por el venerable Ñāṇamoli en su traducción al inglés del *Paṭisambhidāmagga* y su *Mindfulness of Breathing. Buddhist Texts from the Pāli Canon*.

Como ayuda para el lector, se ha incluido el sistema de correlación numérica de las correspondientes secciones de la obra en inglés mencionada (números en cursiva). No obstante, la correlación de dichas secciones es, en algunos casos, aproximada, ya que la presente traducción no es exactamente paralela a la versión en inglés del Ven. Ñāṇamoli, debido a que este autor abrevia sustancialmente muchas secciones para evitar repeticiones. En cambio, el traductor de la presente obra consideró útil incluir ciertas repeticiones a lo largo del texto para facilitar la lectura y, si el lector lo desea, facilitar la memorización del contenido o de alguna de sus partes.

Por otra parte, el Ven. Ñāṇamoli basó su traducción del pāli en la edición de la *Pali Text Society*, mientras que la versión utilizada en la presente obra corresponde a la edición del *Mahāsaṅgīti Tipiṭaka Buddhavasse 2500*, la cual utiliza un sistema de numeración de secciones diferente.

Las notas al final de la sección correspondiente a la traducción del octavo capítulo de *The Path of Freedom – Vimuttimagga*, sobre la atención plena en la respiración, provienen de la traducción al inglés de dicha obra (realizada por el Rev. N.R.M. Ehara, Soma Thera y Kheminda Thera; *Buddhist Publication Society*). Estas fuentes son diversas e incluyen, entre otras, referencias al *Paṭisambhidāmagga*, al *Visuddhimagga* y sus comentarios. La mayoría de estas notas consisten en fragmentos de texto en pāli, los cuales han sido traducidas directamente al español, enmarcados entre corchetes, y colocados inmediatamente después del texto original en pāli.

Las notas para el *Ānāpānassati Sutta* son—en su mayoría—fueron escritas por el autor de la presente obra, con algunas de ellas provenientes del comentario al *Ānāpānassati Sutta*.

Cabe señalar que en esta obra se usan indistintamente los términos *ānāpānasati* y *ānāpānassati*. El segundo término es una forma que surge debido a las llamadas reglas de *sandhi*, en las cuales la *-a* final de *ānāpāna* puede fusionarse con el vocablo *sati*, dando lugar a la variante *-assati*. Ambas formas aparecen en manuscritos de distintas tradiciones, como la birmana y la cingalesa, que favorecen una u otra variante. Por esta razón, se ha optado por incluir ambas en el texto.

## Elementos comunes a los tres textos

Los tres textos traducidos—el *Ānāpānassati Sutta* y las secciones correspondientes a la atención plena en la respiración del *Paṭisambhidāmagga* y el *Vimuttimagga*—comparten varios elementos clave. En primer lugar, todas enfatizan la importancia de la atención plena en la respiración como un medio para desarrollar la concentración y el conocimiento introspectivo. En segundo lugar, vinculan esta práctica con los cuatro fundamentos de la atención plena y los siete factores de la iluminación. Finalmente, coinciden en que la atención plena en la respiración facilita el acceso a las vías de liberación del sufrimiento.

Es posible mencionar innumerables conexiones y aspectos relevantes de estos tres textos en una introducción; sin embargo, el autor considera que cualquier comentario adicional introduciría inevitablemente sesgos propios de quien lo escribe. Por ello, se ha optado por minimizar dichas observaciones, permitiendo que los textos hablen por sí mismos.

# MAJJHIMA NIKĀYA 118
# (ĀNĀPĀNASSATI SUTTA)

## ATENCIÓN PLENA EN LA RESPIRACIÓN

Esto he escuchado:

En una ocasión, el Bendito residía en Sāvatthī, en el Parque del Este, en el Palacio de Migāramātā, junto con numerosos discípulos mayores (*theras*), muy conocidos y eminentes: el venerable Sāriputta, el venerable Mahāmoggallāna, el venerable Mahākassapa, el venerable Mahākaccāyana, el venerable Mahākoṭṭhita, el venerable Mahākappina, el venerable Mahācunda, el venerable Anuruddha, el venerable Revata, el venerable Ānanda, y otros discípulos mayores, bien conocidos y eminentes.

En ese momento, los bhikkhus mayores instruían y exhortaban a los nuevos bhikkhus. Algunos bhikkhus ancianos instruían y exhortaban a diez bhikkhus, algunos bhikkhus mayores instruían y exhortaban a veinte bhikkhus, algunos bhikkhus mayores instruían y exhortaban a treinta bhikkhus, y algunos bhikkhus mayores instruían y exhortaban a cuarenta bhikkhus. Y esos nuevos bhikkhus, al ser instruidos y exhortados por los bhikkhus mayores, comprendían claramente las etapas de progreso desde el inicio hasta la culminación.

En ese momento, el Bendito, en el día de observancia, la decimoquinta noche de luna llena, durante la ceremonia de exhortación (*pavāraṇā*) al final del retiro de las lluvias,[1] estaba sentado al aire libre, rodeado por el Saṅgha de bhikkhus. Entonces, después de contemplar al Saṅgha de Bhikkhus que permanecía en silencio, el Bendito se dirigió a los bhikkhus:

—Bhikkhus, he emprendido este camino; bhikkhus, con determinación mental he emprendido este camino. Por lo tanto, bhikkhus, esfuércense con mayor empeño para alcanzar lo que aún no ha sido alcanzado, para obtener lo que aún no ha sido obtenido, para realizar lo que aún no ha sido realizado. Aquí mismo, en Sāvatthī, esperaré la luna de otoño en la festividad de Komudī.[2]

Los bhikkhus de las provincias escucharon: "Se dice que el Bendito esperará la luna de otoño en la festividad de Komudī, aquí mismo en Sāvatthī". Entonces, los bhikkhus de las provincias fueron a Sāvatthī para ver al Bendito.

Y aquellos venerables bhikkhus mayores instruían y exhortaban aún más a los nuevos bhikkhus. Algunos venerables bhikkhus instruían y exhortaban a diez bhikkhus, algunos a veinte, algunos a treinta, y algunos a cuarenta bhikkhus. Y esos nuevos bhikkhus, instruidos y exhortados por los venerables bhikkhus, comprendían la gran distinción entre el antes y el después.[3]

En esa ocasión, en el día de *uposatha*[4] del decimoquinto, en la luna llena de la festividad de Komudī en el cuarto mes, el Bendito, rodeado por el Saṅgha de bhikkhus, estaba sentado al aire libre. Entonces, habiendo observado al Saṅgha de bhikkhus que permanecía en silencio, el Bendito se dirigió a ellos diciendo:

—Bhikkhus, esta asamblea está libre de charla vana; esta asamblea está libre de conversación frívola; está pura, establecida en la esencia. Tal es, bhikkhus, este Saṅgha de bhikkhus; tal es esta asamblea. Es tal que es digna de ofrendas, digna de hospitalidad, digna de dádivas, digna de reverencia con las palmas juntas, el incomparable campo de mérito para el mundo. Tal es, bhikkhus, este Saṅgha de bhikkhus; tal es esta asamblea, que incluso una pequeño obsequio hecho a esta asamblea se vuelve grande, y un obsequio grande se vuelve aún mayor. Tal es, bhikkhus, este Saṅgha de bhikkhus; tal es esta asamblea, la cual es difícil de encontrar en el mundo para ser vista. Tal es, bhikkhus, este Saṅgha de bhikkhus; tal es esta asamblea, por la cual vale la pena viajar, aunque fueran muchas *yojanas*,[5] incluso con una carga al hombro, para verla.

## Individuos nobles que forman el Saṅgha

Hay, bhikkhus, en este Saṅgha de bhikkhus, aquellos que son *arahants*, que han destruido las impurezas, han vivido la vida santa, han hecho lo que debía hacerse, han dejado caer la carga, han alcanzado el verdadero beneficio, han destruido los encadenamientos de la existencia y, mediante el conocimiento final, están liberados. Bhikkhus, en este Saṅgha existen tales bhikkhus.

En esta ocasión, el Bendito continuó:

Hay, bhikkhus, en este Saṅgha de bhikkhus, aquellos que, con la destrucción de los cinco encadenamientos inferiores (*orambhāgiya-saṁyojana*),[6] renacen espontáneamente en las Moradas Puras (*Suddhāvāsa*), y allí alcanzan el Nibbāna sin retornar a este mundo. Bhikkhus, en este Saṅgha existen tales bhikkhus.

Hay, bhikkhus, en este Saṅgha de bhikkhus, aquellos que, con la destrucción de los tres encadenamientos inferiores y con el debilitamiento de la avidez, la aversión y la ignorancia, son *sakadāgāmī*, quienes retornarán solo una vez a este mundo y pondrán fin al sufrimiento. Bhikkhus, en este Saṅgha existen tales bhikkhus.

Hay, bhikkhus, en este Saṅgha de bhikkhus, aquellos que, con la destrucción de los tres encadenamientos inferiores, son *sotāpannā*, incapaces de caer en los estados de privación, firmemente establecidos, con el Nibbāna como destino final. Bhikkhus, en este Saṅgha existen tales bhikkhus.

## Bhikkhus que desarrollan los 37 requisitos de la iluminación (bodhipakkhiyadhammā)

En este Saṅgha de bhikkhus, bhikkhus, hay quienes se dedican a la práctica y desarrollo de los cuatro fundamentos de la atención plena (*satipaṭṭhāna*). Bhikkhus, en este Saṅgha existen tales bhikkhus.

En este Saṅgha de bhikkhus, bhikkhus, hay quienes se dedican a la práctica y desarrollo de los cuatro esfuerzos correctos (*sammappadhāna*)... de las cuatro bases del poder espiritual (*iddhipāda*)... de las cinco facultades espirituales (*indriya*)... de los cinco poderes espirituales (*bala*)... de los siete factores de la iluminación (*bojjhaṅga*)... y del Noble Óctuple Sendero (*ariyassa aṭṭhaṅgika magga*). Bhikkhus, en este Saṅgha existen tales bhikkhus.

## Bhikkhus que desarrollan los brahmavihārā y las percepciones de lo repulsivo y la transitoriedad.

En este Saṅgha de bhikkhus, bhikkhus, hay quienes se dedican a la práctica y desarrollo de la benevolencia amorosa (*mettā*), de la compasión (*karuṇā*), de la alegría apreciativa (*muditā*), de la ecuanimidad (*upekkhā*), de la contemplación en lo repulsivo (*asubha*), y de la percepción de la transitoriedad (*aniccasaññā*). Bhikkhus, en este Saṅgha existen tales bhikkhus.

## Bhikkhus que desarrollan la atención plena en la respiración (ānāpānassati).

En este Saṅgha de bhikkhus, bhikkhus, hay quienes se dedican a la práctica y desarrollo de la atención plena en la respiración.

Bhikkhus, la atención plena en la respiración, cuando se cultiva y se desarrolla con frecuencia, es de gran fruto y beneficio. Bhikkhus, la atención plena en la respiración, cuando se cultiva y se desarrolla con frecuencia, perfecciona los cuatro fundamentos de la atención plena. Los cuatro fundamentos de la atención plena, cuando se cultivan y desarrollan con frecuencia, perfeccionan los siete factores de la iluminación. Los siete factores de la iluminación, cuando se cultivan y desarrollan con frecuencia, perfeccionan el conocimiento verdadero y la liberación (*vijjāvimutti*).[7]

**¿Y cómo, bhikkhus, la atención plena en la respiración, cuando se cultiva y se desarrolla con frecuencia, es de gran fruto y beneficio?**

Aquí, bhikkhus, un bhikkhu, que ha ido a un bosque, a la raíz de un árbol o a una choza vacía, se sienta cruzando las piernas, mantiene su cuerpo erguido y establece la atención plena frente a él (*parimukhaṁ satiṁ upaṭṭhapetvā*) y siempre atento, inhala; siempre atento, exhala.

### Primera tétrada

Cuando inhala largo, comprende: "Inhalo largo"; cuando exhala largo, comprende: "Exhalo largo".

Cuando inhala corto, comprende: "Inhalo corto"; cuando exhala corto, comprende: "Exhalo corto".

Se entrena pensando: "Experimentaré todo el cuerpo [de la respiración] (*sabbakāyapaṭisaṁvedī*)[8] al inhalar"; se entrena pensando: "Experimentaré todo el cuerpo [de la respiración] al exhalar".

Se entrena pensando: "Calmaré la formación corporal (*passambhayaṁ kāyasaṅkhāraṁ*)[9] al inhalar"; se entrena pensando: "Calmaré la formación corporal al exhalar".

### Segunda tétrada

Se entrena pensando: "Experimentaré gozo (*pītipaṭisaṁvedī*)[10] al inhalar"; se entrena pensando: "Experimentaré gozo al exhalar".

Se entrena pensando: "Experimentaré felicidad (*sukha*) al inhalar"; se entrena pensando: "Experimentaré felicidad al exhalar".

Se entrena pensando: "Experimentaré la formación mental (*cittasaṅkhārapaṭisaṁvedī*)[11] al inhalar"; se entrena pensando: "Experimentaré la formación mental al exhalar".

Se entrena pensando: "Tranquilizaré la formación mental (*passambhayaṁ cittasaṅkhāraṁ*) al inhalar"; se entrena pensando: "Tranquilizaré la formación mental al exhalar".

### Tercera tétrada

Se entrena pensando: "Experimentaré la mente (*cittapaṭisaṁvedī*) al inhalar"; se entrena pensando: "Experimentaré la mente al exhalar".

Se entrena pensando: "Alegraré la mente (*abhippamodayaṁ cittaṁ*) al inhalar"; se entrena pensando: "Alegraré la mente al exhalar".

Se entrena pensando: "Concentraré la mente (*samādahaṁ cittaṁ*) al inhalar"; se entrena pensando: "Concentraré la mente al exhalar".

Se entrena pensando: "Liberaré la mente (*vimocayaṁ cittaṁ*) al inhalar"; se entrena pensando: "Liberaré la mente al exhalar".

### Cuarta tétrada

Se entrena pensando: "Contemplaré la transitoriedad (*aniccānupassī*) al inhalar"; se entrena pensando: "Contemplaré la transitoriedad al exhalar".

Se entrena pensando: "Contemplaré el desapasionamiento (*virāgānupassī*) al inhalar"; se entrena pensando: "Contemplaré el desapasionamiento al exhalar".

Se entrena pensando: "Contemplaré el cese (*nirodhānupassī*) al inhalar"; se entrena pensando: "Contemplaré el cese al exhalar".

Se entrena pensando: "Contemplaré el abandono (*paṭinissaggānupassī*)[de las corrupciones, de toda adquisición] al inhalar"; se entrena pensando: "Contemplaré el abandono al exhalar".

Bhikkhus, cuando la atención plena en la respiración se cultiva así y se desarrolla con frecuencia, es de gran fruto y beneficio.

## Perfección de los cuatro fundamentos de la atención plena

¿Y cómo, bhikkhus, cuando se cultiva así y se desarrolla con frecuencia, la atención plena en la respiración perfecciona los cuatro fundamentos de la atención plena?

En el momento en que un bhikkhu, bhikkhus, al inhalar largo comprende: "Inhalo largo", y al exhalar largo comprende: "Exhalo largo"; o al inhalar corto comprende: "Inhalo corto", y al exhalar corto comprende: "Exhalo corto"; se entrena pensando: "Experimentaré todo el cuerpo [de la respiración] al inhalar"; se entrena pensando: "Experimentaré todo el cuerpo [de la respiración] al exhalar"; se entrena pensando: "Calmaré la formación corporal al inhalar"; se entrena pensando: "Calmaré la formación corporal al exhalar"; en ese momento, bhikkhus, un bhikkhu permanece contemplando el cuerpo en el cuerpo, enérgico (*ātāpī*), con comprensión clara y atento (*sampajāno satimā*), habiendo dejado atrás el deseo y la aflicción por el mundo.

Bhikkhus, de los cuerpos en el cuerpo, digo que estos—la inhalación y la exhalación—son uno. Por lo tanto, bhikkhus, en ese momento un bhikkhu permanece contemplando el cuerpo en el cuerpo, enérgico, con comprensión clara y atento, habiendo dejado atrás el deseo y la aflicción por el mundo.

En el momento en que un bhikkhu, bhikkhus, se entrena pensando: "Experimentaré gozo (*pīti*) al inhalar"; se entrena pensando: "Experimentaré gozo al exhalar"; se entrena pensando: "Experimentaré felicidad (*sukha*) al inhalar"; se entrena pensando: "Experimentaré felicidad al exhalar"; se entrena pensando: "Experimentaré la formación mental al inhalar"; se entrena pensando: "Experimentaré la formación mental al exhalar"; se entrena pensando: "Tranquilizaré la formación mental al inhalar"; se entrena pensando: "Tranquilizará la formación mental al exhalar".

En ese momento, bhikkhus, un bhikkhu permanece contemplando las sensaciones en las sensaciones, enérgico, con comprensión clara y atento, habiendo dejado atrás el deseo y la aflicción por el mundo.

Bhikkhus, de las sensaciones en las sensaciones, digo que esta—la atención cuidadosa (*sādhuka manasikāra*) a las inhalaciones y exhalaciones—es una. Por lo tanto, bhikkhus, en ese momento un bhikkhu permanece contemplando las sensaciones en las sensaciones, enérgico, con comprensión clara y atento, habiendo dejado de lado el deseo y la aflicción por el mundo.

En ese momento, bhikkhus, un bhikkhu se entrena pensando: "Experimentaré la mente (*citta*) al inhalar"; se entrena pensando: "Experimentaré la mente al exhalar"; se entrena pensando: "Alegraré la mente al inhalar"; se entrena pensando: "Alegraré la mente al exhalar"; se entrena pensando: "Concentraré la mente al inhalar"; se entrena pensando: "Concentraré la mente al exhalar"; se entrena pensando: "Liberaré la mente al inhalar"; se entrena pensando: "Liberaré la mente al exhalar".

En ese momento, bhikkhus, un bhikkhu permanece contemplando la mente en la mente, enérgico, con comprensión clara y atento, habiendo dejado atrás el deseo y la aflicción por el mundo.

Bhikkhus, no digo que haya atención plena en la respiración para quien es negligente y sin comprensión clara. Por lo tanto, bhikkhus, en ese momento un bhikkhu permanece contemplando la mente en la mente, enérgico, con comprensión clara y atento, habiendo dejado atrás el deseo y la aflicción por el mundo.

En ese momento, bhikkhus, un bhikkhu se entrena pensando: "Contemplaré la transitoriedad al inhalar"; se entrena pensando: "Contemplaré la transitoriedad al exhalar"; se entrena pensando: "Contemplaré el desapasionamiento al inhalar"; se entrena pensando: "Contemplaré el desapasionamiento al exhalar"; se entrena pensando: "Contemplaré el cese al inhalar"; se entrena pensando: "Contemplaré el cese al exhalar"; se entrena pensando: "Contemplaré el abandono al inhalar"; se entrena pensando: "Contemplaré el abandono al exhalar".

En ese momento, bhikkhus, un bhikkhu permanece contemplando los *dhammas* en los *dhammas*,[12] enérgico, con comprensión clara y atento, habiendo dejado atrás el deseo y la aflicción por el mundo. Y al ver con sabiduría el abandono del deseo y la aflicción, permanece observando atentamente.

Por lo tanto, bhikkhus, en ese momento un bhikkhu permanece contemplando los *dhammas* en los *dhammas*, enérgico, con comprensión clara y atento, habiendo dejado atrás el deseo y la aflicción por el mundo.

Bhikkhus, cuando la atención plena en la respiración (*ānāpānassati*) se desarrolla así y se cultiva plenamente, cumple los cuatro fundamentos de la atención plena (*cattāro satipaṭṭhānā*).

**¿Y cómo, bhikkhus, cuando los cuatro fundamentos de la atención plena se desarrollan y se cultivan completamente, cumplen los siete factores de la iluminación (*satta bojjhaṅgā*)?**

## Los siete factores de la iluminación

En el momento, bhikkhus, en que un bhikkhu permanece contemplando el cuerpo en el cuerpo (*kāye kāyānupassī viharati*), enérgico, con comprensión clara y atento, habiendo apartado el deseo y la aflicción con respecto al mundo, en ese momento su atención plena (*sati*) está presente y sin distracción (*asammuṭṭhā*).

Cuando su atención plena está presente y sin distracción, en ese momento surge en él el factor de la iluminación de la atención plena (*satisambojjhaṅga*); desarrolla en ese momento el factor de la iluminación de la atención plena, y el factor de la iluminación de la atención plena en ese momento alcanza su plenitud de desarrollo.

Mientras permanece así atento, examina e investiga con sabiduría ese *dhamma*, lo indaga, lo analiza y lo somete a escrutinio (*pavicinati, pavicayati, parivīmaṁsaṁ āpajjati*). Cuando examina e investiga con sabiduría ese *dhamma*, en ese momento surge en él el factor de la iluminación de la investigación de los *dhammas* (*dhammavicayasambojjhaṅga*);[13] desarrolla en ese momento el factor de la investigación de los *dhammas*, y este alcanza su plenitud de desarrollo.

Cuando examina e investiga de esta manera, surge en él esfuerzo diligente y enérgico (*āraddhaṁ vīriyaṁ asallīnaṁ*). Cuando su energía no es perezosa, en ese momento surge en él el factor de la iluminación de la energía (*vīriyasambojjhaṅga*); desarrolla en ese momento el factor de iluminación de la energía, y este alcanza su plenitud de desarrollo.

Cuando la energía está presente, surge en él un gozo no mundano (*nirāmisā pīti*). Cuando surge este gozo, en ese momento se despierta en él el factor de la iluminación del gozo (*pītisambojjhaṅga*); desarrolla en ese momento el factor del gozo, y este alcanza su plenitud de desarrollo.

Cuando su mente está llena de gozo, su cuerpo se tranquiliza y su mente se tranquiliza. Bhikkhus, en el momento en que, con una mente gozosa, el cuerpo de un bhikkhu se tranquiliza, también su mente se tranquiliza. En ese momento surge el factor de la iluminación de la tranquilidad (*passaddhisambojjhaṅga*); en ese momento, el bhikkhu desarrolla el factor de la iluminación de la tranquilidad, y este alcanza su plenitud de desarrollo.

Cuando su cuerpo está tranquilo y experimenta felicidad, su mente se concentra (*cittaṁ samādhiyati*). Cuando, bhikkhus, la mente de un bhikkhu, con el cuerpo tranquilo y experimentando felicidad, se concentra, en ese momento surge en él el factor de la iluminación de la concentración (*samādhisambojjhaṅga*); desarrolla en ese momento el factor de la iluminación de la concentración, y este alcanza su plenitud de desarrollo.

Entonces, cuando su mente está así concentrada, observa con plena ecuanimidad. Bhikkhus, cuando un bhikkhu, con la mente así concentrada, observa con plena ecuanimidad, en ese momento surge en él el factor de la iluminación de la ecuanimidad (*upekkhāsambojjhaṅga*); en ese momento el bhikkhu desarrolla el factor de la iluminación de la ecuanimidad, y este alcanza su plenitud de desarrollo.

Bhikkhus, en el momento en que un bhikkhu permanece contemplando las sensaciones en las sensaciones ... la mente en la mente ... los *dhammas* en los *dhammas*, enérgico, con comprensión clara y atento, habiendo dejado atrás el deseo y la aflicción con respecto al mundo, en ese momento su atención plena (*sati*) está presente y no se pierde. Cuando su atención plena está presente y no perdida, en ese momento surge en él el factor de la iluminación de la atención plena (*satisambojjhaṅga*); desarrolla en ese momento el factor de la atención plena, y este alcanza su plenitud de desarrollo.

Mientras permanece así atento, examina e investiga con sabiduría ese *dhamma*, lo investiga, lo analiza y lo somete a escrutinio. Cuando examina e investiga con sabiduría ese *dhamma*, en ese momento surge en él el factor de la iluminación de la investigación de los *dhammas* (*dhammavicayasambojjhaṅga*); desarrolla en ese momento el factor de la investigación de los *dhammas*, y este alcanza su plenitud de desarrollo.

Mientras examina con sabiduría ese *dhamma*, lo investiga y emprende una indagación, surge en él un esfuerzo diligente y enérgico, sin desánimo. Bhikkhus, en el momento en que, mientras examina con sabiduría ese *dhamma*, lo investiga y emprende una indagación, surge en un bhikkhu un esfuerzo diligente y enérgico, sin desánimo, en ese momento surge en él el factor de la iluminación del esfuerzo (*vīriyasambojjhaṅga*); en ese momento el bhikkhu desarrolla el factor de la iluminación del esfuerzo; y el factor de la iluminación del esfuerzo alcanza en ese momento su pleno desarrollo en él. Para quien tiene el esfuerzo diligente y enérgico surge un gozo no mundano.

Cuando, bhikkhus, en un bhikkhu que ha despertado esfuerzo diligente y enérgico (*āraddhavīriya*) surge un gozo no mundano (*nirāmisā pīti*), en ese momento surge el factor de la iluminación del gozo (*pītisambojjhaṅga*) está presente; en ese momento el bhikkhu desarrolla el factor de la iluminación del gozo, y este alcanza su plenitud de desarrollo.

Con una mente gozosa, el cuerpo se tranquiliza y también la mente se tranquiliza. Cuando, bhikkhus, en un bhikkhu con la mente gozosa el cuerpo se tranquiliza y también la mente se tranquiliza, en ese momento el factor de la iluminación de la tranquilidad está presente; en ese momento el bhikkhu desarrolla el factor de la iluminación de la tranquilidad, y este alcanza su plenitud de desarrollo.

Cuando su cuerpo está tranquilo y experimenta felicidad, su mente se concentra. Cuando, bhikkhus, en un bhikkhu con el cuerpo tranquilo y experimentando felicidad la mente se concentra, en ese momento el factor de la iluminación de la concentración está presente; en ese momento el bhikkhu desarrolla el factor de la iluminación de la concentración, y este alcanza su plenitud de desarrollo.

Entonces, con la mente así concentrada, observa cuidadosamente con ecuanimidad. Cuando, bhikkhus, un bhikkhu con la mente así concentrada observa cuidadosamente con ecuanimidad, en ese momento el factor de la iluminación de la ecuanimidad está presente; en ese momento el bhikkhu desarrolla el factor de la iluminación de la ecuanimidad, y este alcanza su plenitud de desarrollo.

Así desarrollados, bhikkhus, y así practicados con frecuencia, los cuatro fundamentos de la atención plena llevan a la plenitud los siete factores de la iluminación.

**¿Y cómo, bhikkhus, los siete factores de la iluminación, desarrollados y practicados con frecuencia, llevan a la plenitud del conocimiento verdadero y la liberación (*vijjāvimutti*)?**

### Conocimiento verdadero y liberación

Aquí, bhikkhus, un bhikkhu desarrolla el factor de la iluminación de la atención plena (*satisambojjhaṅga*) basado en el retiro (*vivekanissita*), basado en el desapasionamiento (*virāganissita*), basado en el cese (*nirodhanissita*), que madura en el abandono (*vossaggapariṇāmi*).

Desarrolla el factor de la iluminación de la investigación de los *dhammas* (*dhammavicayasambojjhaṅga*) ...

Desarrolla el factor de la iluminación de la energía (*vīriyasambojjhaṅga*) ...

Desarrolla el factor de la iluminación del gozo (*pītisambojjhaṅga*) ...

Desarrolla el factor de la iluminación de la tranquilidad (*passaddhisambojjhaṅga*) ...

Desarrolla el factor de la iluminación de la concentración (*samādhisambojjhaṅga*) ...

Desarrolla el factor de la iluminación de la ecuanimidad (*upekkhāsambojjhaṅga*) basado en el retiro, basado en el desapasionamiento, basado en el cese, que madura en el abandono (*paṭinissagga*).

Así desarrollados, bhikkhus, y así practicados con frecuencia, los siete factores de la iluminación llevan a la plenitud del conocimiento verdadero y la liberación (*vijjāvimutti*).

Esto dijo el Bienaventurado. Satisfechos y deleitados, aquellos bhikkhus se regocijaron con las palabras del Bienaventurado.

*Así concluye el Ānāpānassati Sutta.*

# NOTAS – *ĀNĀPĀNASSATI SUTTA*

1. La ceremonia de exhortación (*pavāraṇā*) es un acto que se celebra al final del retiro de las lluvias (*vassa*), el cual tiene una duración de tres meses y se desarrolla durante la estación lluviosa, desde la luna llena del mes de Āsāḷha (julio) hasta la luna llena del mes de Assayuja (octubre). En esta ceremonia, cada bhikkhu invita a los demás miembros de la comunidad a amonestarlo y señalarle cualquier falta que haya cometido de forma vista, oída o sospechada, con el fin de purificar la conducta antes de reanudar los viajes. Sustituye en esa ocasión a la recitación del *Pāṭimokkha*.

2. La festividad de Komudī era la celebración tradicional que coincide con la luna llena del mes de Assayuja (octubre), correspondiente a la estación otoñal. El nombre *Komudī* proviene de *kumuda*, "loto blanco", flor que se abre con la luz de la luna, y alude al esplendor lunar característico de esa época. En tiempos del Buda, esta festividad era ocasión de reuniones y celebraciones comunitarias en diversas regiones de la India.

3. "El antes y el después" es una expresión que alude a la comparación entre la condición de un bhikkhu antes y después de recibir instrucción y exhortación. En el contexto monástico, implica reconocer la mejora en comprensión, conducta y desarrollo espiritual lograda tras la orientación de los bhikkhus más experimentados de manera que se logran etapas de distinción.

4. El día de *Uposatha* es aquel en el que se lleva a cabo la observancia religiosa propia de la escuela Theravāda, celebrada los días de luna llena y luna nueva (cada quince días). En estas fechas, el Saṅgha monástico se reúne para la recitación del *Pāṭimokkha*—el código disciplinario de los bhikkhus—, acto que requiere un quórum mínimo de cuatro bhikkhus. Antes de la recitación, se realiza el procedimiento de confesión (*pātimokkha-kamma*) para asegurar que todos los participantes estén libres de faltas ocultas, de manera que la recitación sea llevada a cabo por un Saṅgha purificado. Por cierto, en una ocasión (Mv II.3.3), el venerable Sāriputta tuvo que expulsar de la asamblea a un bhikkhu impuro, ya que el Buda no iniciaba la recitación mientras este permanecía presente. El *Uposatha* es considerado un acto de purificación y de reafirmación de la disciplina y la armonía comunitaria, siendo uno de los pilares de la vida monástica del Saṅgha. Muchos laicos que practican la observancia del *Uposatha* adoptan los ocho preceptos y generalmente dedican ese día al estudio del Dhamma y a la práctica de la meditación.

5. *Yojana*: Antigua medida de longitud empleada en la India, frecuentemente mencionada en los *suttas*. Su valor exacto varió con el tiempo y la región, pero en los cálculos modernos suele estimarse entre 7 y 8 millas (11–13 kilómetros) por *yojana*. Según la tradición comentarial, equivale aproximadamente a la distancia que puede recorrer un carruaje tirado por bueyes desde la salida del sol hasta su puesta. En los textos, esta unidad se utiliza tanto para describir distancias geográficas como para expresar dimensiones en contextos simbólicos o cosmológicos.

6. Citando textualmente al *Diccionario Budista. Manual de términos y doctrinas budistas*, de Nyanatiloka Thera, BPS Pariyatti Ed.: "Hay diez encadenamientos (*saṃyojana*) (cadenas, grilletes o ataduras) que atan a los seres a la rueda de la existencia, a saber: (1) creencia en la personalidad (*sakkāya-diṭṭhi*), (2) duda escéptica (*vicikicchā*), (3) apego a reglas y rituales (*sīlabbata-parāmāsa*), (4) deseo sensual (*kāma-rāga*), (5) mala voluntad (*vyāpāda*), (6) deseo de existencia en la esfera de la materialidad sutil (*rūpa-rāga*), (7) deseo de existencia en la esfera de la inmaterialidad (*arūpa-rāga*), (8) engreimiento [el engreimiento sutil del "yo"] (*māna*), (9) agitación (*uddhacca*) e (10) ignorancia (*avijjā*).

Los primeros cinco se conocen como los "encadenamientos inferiores" (*orambhāgiya-saṃyojana*), ya que atan al mundo de los sentidos. Los últimos cinco se conocen como los "encadenamientos superiores" (*uddhambhāgiya-saṃyojana*), ya que atan a los mundos superiores, es decir, los mundos de materialidad sutil y los inmateriales (AN 9:67, 68; 10:13; DN 33, etcétera).

Aquel que está libre de los encadenamientos 1–3 es un *sotāpanna*, o aquel que "entra en la corriente", es decir, uno que ha "entrado en la corriente hacia Nibbāna". A estos tres encadenamientos es a los que el *sutta* se refiere como "los tres encadenamientos inferiores". Aquel que, además de esos primeros tres encadenamientos, ha superado el cuarto y el quinto en su carácter más burdo es llamado *sakadāgāmi*, "uno que retorna solo una vez más" (al mundo del deseo sensorial). Aquel que se encuentra totalmente libre de los primeros cinco es un *anāgāmi*, o "aquel que no retorna" (al mundo del deseo sensorial). Aquel que se encuentra libre de los diez encadenamientos es llamado un *arahant*, es decir, un santo perfecto.

En el *Abhidhamma* se encuentra una lista de diez encadenamientos con diferencias respecto a la lista de los *suttas*; ver: *Compendio del Abhidhamma. El Abhidhammattha Saṅgaha* de Anuruddha, Bhikkhu Bodhi (ed.), trad. Bhikkhu Nandisena, El Colegio de México, 1ª ed., 1999, cap. VII, §§10–11; §§38, 40.

Por otra parte—citando nuevamente el diccionario arriba mencionado—el *anāgāmi*, al morir, renace en las Moradas Puras (*Suddhāvāsa*), las cuales "son un grupo de cinco cielos pertenecientes al mundo de la forma material sutil (*rūpa-loka*), en donde los que no retornan (*anāgāmi*) renacen y en el que logran el estado de *arahant* y Nibbāna. Los nombres de los habitantes de las [cinco] Moradas Puras son: Āviha, Ātappa, Sudassa, Sudassī, Akaṇiṭṭha".

7. El término *vijjāvimutti* combina *vijjā* ("conocimiento superior" o "conocimiento verdadero") y *vimutti* ("liberación" o "emancipación"), y se traduce como "conocimiento verdadero y liberación". En el contexto de los *suttas*, designa el logro final del *arahant*, en el que la comprensión directa de las Cuatro Nobles Verdades y de la naturaleza condicionada de todos los fenómenos conduce a la liberación definitiva de todas las ataduras.

Según la tradición comentarial, *vijjā* se identifica con el triple conocimiento (*tevijjā*): (1) el recuerdo de vidas pasadas (*pubbenivāsānussati-ñāṇa*), (2) la visión del renacimiento y la muerte de los seres según sus acciones (*cutūpapāta-ñāṇa*), y (3) el conocimiento de la destrucción de las corrupciones (*āsavakkhaya-ñāṇa*). *Vimutti*, por su parte, se entiende como la experiencia de la liberación incondicionada, el Nibbāna, alcanzada mediante la extinción completa de los *āsavā*.

Algunos pasajes distinguen entre *ceto-vimutti* ("liberación de la mente") y *paññā-vimutti* ("liberación por sabiduría"), pero *vijjāvimutti* integra ambas dimensiones, subrayando que el *arahant* ha perfeccionado tanto el aspecto cognitivo como el liberador.

En la práctica contemporánea, maestros como Mahāsi Sayādaw y Bhikkhu Bodhi señalan que *vijjāvimutti* no es un conocimiento teórico ni una liberación condicionada por absorciones temporales, sino la comprensión transformadora y definitiva que erradica todo aferramiento y sufrimiento. Este estado se describe en los suttas como "el fin de las corrupciones" (*khīṇāsava*) y se considera la culminación del Noble Óctuple Sendero.

MA dice que la atención plena que abarca la respiración es mundana; la atención plena mundana a la respiración perfecciona los fundamentos mundanos de la atención plena; los fundamentos mundanos de la atención plena perfeccionan los factores de iluminación supramundanos; y los factores de iluminación supramundanos perfeccionan (o cumplen) el conocimiento verdadero y la liberación (*vijjāvimutti*), es decir, la vía de liberación y el Nibbāna.

8. El término *sabbakāyapaṭisaṁvedī*—traducido aquí como "experimentaré todo el cuerpo [de la respiración]"—corresponde al tercer paso de la primera tétrada de *ānāpānassati* descrita en el *Ānāpānassati Sutta* (M.118). Literalmente, *sabba* = "todo", *kāya* = "cuerpo" y *paṭisaṁvedī* = "experimentando" o "percibiendo directamente".

En la interpretación tradicional del comentario al *sutta* (Papañcasūdanī), "cuerpo" (*kāya*) se entiende como "cuerpo de la respiración" (*assāsapassāsakāya*), es decir, la inhalación y la exhalación completas, desde el inicio hasta el final de cada ciclo. Algunos exegetas antiguos, sin embargo, consideraron que *kāya* alude al cuerpo físico en su conjunto, en el sentido de que, en esta etapa, el meditador desarrolla una percepción plena de cómo la respiración impregna y afecta todo el cuerpo.

Entre los maestros modernos de la tradición Theravāda, esta diferencia ha dado lugar a interpretaciones diversas, por ejemplo:

- Buddhaghosa (Vsm. VIII, 208) sigue la línea comentarial, identificando "todo el cuerpo" exclusivamente con la totalidad del proceso respiratorio.
- Mahāsi Sayādaw y la tradición birmana de *vipassanā* adoptan la misma lectura, enfatizando que el objeto primario es la respiración de principio a fin.
- Ajahn Lee Dhammadharo y otros maestros tailandeses de la tradición del bosque interpretan "todo el cuerpo" como la totalidad del cuerpo físico, señalando que, en esta fase, la atención se expande para incluir la respiración tal como se siente en todas las partes del cuerpo.
- Thích Nhất Hạnh, en un enfoque más accesible al público laico, también adopta esta interpretación amplia, sugiriendo que se toma conciencia del cuerpo entero mientras se respira.

Hay autores que afirma que en la práctica, ambas interpretaciones—centrarse en la totalidad de la respiración o en la experiencia del cuerpo entero al respirar—se consideran válidas dentro de la tradición contemporánea, siempre que se mantenga la atención plena y continua. Otros autores difieren, considerando que hay una diferencia, ya que el grado de sutileza propio de la atención plena en la respiración y en el desarrollo de *ānāpānassati* no admite tal diferencia.

9. La expresión *passambhayaṁ kāyasaṅkhāraṁ*—traducida aquí como "calmaré la formación corporal"—corresponde al cuarto paso de la primera tétrada de *ānāpānassati* en el *Ānāpānassati Sutta* (M. 118).

Literalmente, *passambhayaṁ* significa "tranquilizando" o "apaciguando"; *kāya-saṅkhāra* se compone de *kāya* ("cuerpo") y *saṅkhāra* ("formación" o "actividad formativa"). Según la explicación tradicional (por ejemplo, en el Visuddhimagga, Vsm. VIII, 209), aquí *kāya-saṅkhāra* se refiere específicamente a la respiración (*assāsa-passāsa*), considerada como la formación del cuerpo porque sostiene y acompaña la vida física.

En la secuencia de práctica, después de haber desarrollado conciencia de todo el "cuerpo" de la respiración (*sabbakāyapaṭisaṁvedī*), el meditador enfoca la atención en suavizar, alargar y pacificar la respiración, de modo que esta se vuelva más sutil, menos forzada y más armoniosa. Este apaciguamiento tiene como efecto paralelo el aquietamiento del cuerpo físico y el refinamiento de la mente, facilitando la entrada en estados de concentración profunda (*jhāna*).

Algunos maestros modernos como Mahāsi Sayādaw siguen la interpretación comentarial, identificando el *kāya-saṅkhāra* exclusivamente con el proceso respiratorio. En cambio, maestros de la tradición tailandesa del bosque, como Ajahn Lee Dhammadharo y Ajahn Chah, tienden a subrayar que, al calmar la respiración, también se pacifican las tensiones y agitaciones físicas en todo el cuerpo, lo que integra el apaciguamiento corporal y mental en una sola experiencia.

Ambas perspectivas coinciden en que este paso marca la transición de una respiración más perceptible a un flujo respiratorio cada vez más sutil, en preparación para las fases meditativas subsiguientes.

10. En el *Diccionario Budista* de Nyanatiloka se menciona que el término *pīti* debe ser considerado "no como una sensación o un sentimiento, y por lo tanto no pertenece al agregado de las sensaciones (*vedanākkhandha*), sino que pertenece al agregado de las formaciones mentales (*saṅkhārakkhandha*), y puede ser descrito como 'interés gozoso' [o 'interés placentero']". El Visuddhimagga (Vsm. IV, 94ss) describe cinco grados de intensidad posibles para *pīti* en la experiencia jhánica.

Por otra parte, *sukha* se traduce mediante una amplia gama de sinónimos—los más comúnmente usados siendo "placer" o "felicidad"—, pero es importante recalcar que, en este contexto, el vocablo pāli se refiere al *vedanākkhandha*, el agregado de las sensaciones (con tono afectivo distinguible como agradable). Existen cinco clases de sensaciones (*vedanā*): *sukha* (sensación física agradable), *dukkha* (sensación física desagradable), *somanassa* (sensación mental agradable), *domanassa* (sensación mental desagradable) y *upekkhā* (sensación *ni agradable ni desagradable*). Por lo dicho anteriormente, *somanassa* no debe confundirse con *pīti*.

El Diccionario Budista de Nyanatiloka añade: "La felicidad es una condición indispensable para la concentración de la mente (*samādhi*), y por lo tanto es uno de los cinco factores (o constituyentes) de la primera absorción (*jhānaṅga*) y está presente incluso hasta el tercer *jhāna*. También menciona que 'la mente de aquella persona que es feliz tiene la concentración como su fruto y recompensa' (AN 10:1)".

11. De acuerdo con M 44, la formación mental consiste en sensación (*vedanā*) y percepción (*saññā*).

12. La palabra *dhamma* en la expresión "permanece contemplando los *dhammas* en los *dhammas*" que forma parte del cuarto fundamento de la atención es traducido de varias formas. Algunos autores traducen en este contexto la palabra *dhammas* como "fenómenos" o incluso como "fenómenos de la experiencia", otros traducen como "objetos mentales" y otros como "categorías de la enseñanza". En la traducción de este texto decidí dejar el término pāli *dhammas* sin traducir, no obstante que me inclino por "fenómenos de la experiencia" un término acuñado por el venerable Bhikkhu Bodhi.

13. El *dhammavicayasambojjhaṅga*, "factor de la iluminación de la investigación de los *dhammas*", es uno de los siete *bojjhaṅgā* o factores que conducen al despertar. El término *dhammavicaya* combina *dhamma* ("fenómeno" o "objeto mental") con *vicaya* ("investigación, examen minucioso"), y se refiere a la facultad de examinar con discernimiento la naturaleza de los fenómenos, especialmente en términos de sus características de transitoriedad (*anicca*), insatisfacción (*dukkha*) y ausencia de un yo (*anattā*).

Según la tradición comentarial, como en el Papañcasūdanī de Buddhaghosa, este factor implica el análisis discriminativo (*vavatthāna*) de los fenómenos hábiles e inhábiles, con el propósito de fomentar los primeros y abandonar los segundos. Se activa mediante el contacto con enseñanzas, reflexiones o experiencias que estimulan la reflexión sabia.

En cuanto a su relación con otros términos, *dhammavicaya* guarda afinidad con *vīmaṁsa*, que en el contexto del cuarto *iddhipāda* ("base del poder espiritual") se traduce también como "investigación" o "examen". Mientras que *vīmaṁsa* se refiere a la indagación reflexiva que verifica, contrasta y prueba la validez de una comprensión o experiencia, *dhammavicaya* enfatiza la investigación directa y penetrante de la experiencia presente, enfocada en la comprensión de la naturaleza final de los fenómenos condicionados.

Bajo esta perspectiva, *dhammavicaya* se orienta a la investigación de los *dhammas* esenciales que componen la existencia condicionada: las bases sensoriales internas y externas (*āyatana*), la dualidad de *nāma-rūpa* (mentalidad y materialidad), los cinco agregados del apego (*pañc'upādānakkhandhā*), así como otras categorías fundamentales expuestas en los *suttas*. Esta investigación, al aplicarse con atención plena y comprensión clara, conduce al abandono de la ignorancia (*avijjā*) y al fortalecimiento de la sabiduría (*paññā*).

En el contexto moderno, maestros como Mahāsi Sayādaw y U Pandita describen *dhammavicaya* como la aplicación de la sabiduría directa para observar la experiencia momento a momento, reconociendo los procesos mentales y físicos tal como surgen y cesan. En la tradición tailandesa del bosque, Ajahn Chah enfatizaba que *dhammavicaya* no es un análisis meramente intelectual, sino una observación penetrante y silenciosa que descubre la verdadera naturaleza de los fenómenos.

En la práctica de *satipaṭṭhāna*, este factor suele activarse de forma natural tras el establecimiento de la atención plena, generando un interés lúcido por la experiencia y una comprensión más profunda de la realidad condicionada. Su función es nutrir la claridad y el discernimiento, contrarrestando la ignorancia y favoreciendo el progreso hacia el despertar.

# EL CAMINO DE LA DISCRIMINACIÓN (PAṬISAMBHIDĀMAGGA)

## 1 MAHĀVAGGA

### 1.3. Tratado acerca de la atención plena en la respiración (*Ānāpānassatikathā*)

NOTA INTRODUCTORIA

RESUMEN

*1.* **Cuando una persona desarrolla concentración mediante la atención plena en la respiración (*ānāpānassatisamādhi*), aunada a dieciséis bases, más de doscientos tipos de conocimiento superior (*ñaṇas*) surgen en ella:**

1. Ocho clases de conocimiento relacionado con los impedimentos (*paripanthe ñāṇāni*) y ocho clases de conocimiento acerca de los apoyos (*upakāre ñāṇāni*).
2. Dieciocho clases de conocimiento acerca de imperfecciones (*upakkilese ñāṇāni*)
3. Trece clases de conocimiento de purificación (*vodāne ñaṇani*).
4. Treinta y dos clases de conocimiento sobre la atención plena del meditador (*satokārisa ñāṇāni*).
5. Veinticuatro clases de conocimiento relacionados con los estados de concentración (*samādhivasena ñāṇāni*).
6. Setenta y dos clases de conocimiento relacionados con la visión introspectiva (*vipassanāvasena ñāṇāni*).
7. Ocho clases de conocimiento relacionado con el desencanto (*nibbidāñāṇāni*).

8. Ocho clases de conocimiento de lo que está en conformidad con el desencanto (*nibbidānulomañāṇāni*).
9. Ocho clases de conocimiento de la tranquilización que sigue al desencanto (*nibbidāpaṭippassaddhiñāṇāni*).
10. Veintiún clases de conocimiento sobre la felicidad de la liberación (*vimuttisukhe ñāṇāni*).

### *2.* 1.3.1. ¿Cuáles son los ocho conocimientos sobre los impedimentos y los ocho conocimientos sobre los apoyos para la concentración?

1. El deseo sensorial (*kāmacchanda*) es un impedimento para la concentración (*samādhi*), la renuncia (*nekkhamma*) es un apoyo para la concentración.
2. La aversión (*byāpāda*) es un impedimento..., la ausencia de aversión (*abyāpāda*) es un apoyo...
3. La rigidez y el letargo (*thinamiddha*) son un impedimento..., la percepción de luz (*ālokasaññā*) es un apoyo ...
4. La agitación (*uddhacca*) es un impedimento..., la calma [estabilidad, equilibrio, no dispersión] mental (*avikkhepa*) es un apoyo...
5. La duda (*vicikicchā*) es un impedimento..., la discernimiento de los fenómenos [definición de las ideas, discriminación de los fenómenos, discernimiento del Dhamma] (*dhammavavatthāna*) es un apoyo ...
6. La ignorancia (*avijjā*) es un impedimento..., el conocimiento (*ñāṇaṁ*) es un apoyo...
7. La falta de satisfacción [descontento] (*arati*) es un impedimento..., la alegría (*pāmojja*) es un apoyo...
8. Todos los estados no saludables [malsanos] (*akusalā dhammā*) son un impedimento para la concentración, todos los estados saludables [sanos] (*kusalā dhammā*) son apoyos para la concentración.

Éstos son los ocho tipos de conocimiento sobre los impedimentos y los ocho tipos de conocimiento de los apoyos.

*Fin de la primera sección acerca de la enumeración.*

### 1.3.2. Soḷasañāṇaniddesa (Descripción de los dieciséis conocimientos)

Mediante estos dieciséis estados (*ākārehi*), la mente se dirige correctamente (*uducitaṁ cittaṁ*), se dirige perfectamente (*samuducitaṁ cittaṁ*) se establece en la unicidad (*ekatta*) y se purifica de los impedimentos (*nīvaraṇā*).

**¿Cuáles son esos [estados] unificadores?**

1. La renuncia (*nekkhamma*) es un estado unificador.
2. La ausencia de mala voluntad (*abyāpāda*)...
3. La percepción de luz (*ālokasaññā*)...
4. La no distracción de la mente (*avikkhepo*)...
5. El discernimiento de los fenómenos (*dhammavavatthāna*)...
6. El conocimiento (*ñāṇa*)...
7. La alegría (*pāmojja*; júbilo) es un estado unificador.
8. Todos los estados saludables son unificadores.

**¿Cuáles son los impedimentos (*nīvaraṇā*)?**

1. El deseo sensorial (*kāmacchanda*) es un impedimento.
2. La mala voluntad (*byāpāda*)...
3. La pereza y letargo (*thīnamiddha*)...
4. La agitación y preocupación (*uddhaccakukkucca*)...
5. La duda (*vicikicchā*)...
6. La ignorancia (*avijjā*)...
7. El descontento [aversión] (*arati*)...
8. Todos los estados no saludables [malsanos] (*akusalā dhammā*) son un impedimento.

**¿Por qué se les conoce como impedimentos [obstáculos]?**

Se les llama impedimentos (*nīvaraṇā*) porque impiden el progreso hacia la liberación (*niyyānavaraṇaṭṭhena*).

*3.* **¿Cuáles son las liberaciones (*niyyāna*) que permiten el progreso hacia la liberación?**

1. La renuncia (*nekkhamma*) es un medio de progreso hacia la liberación para los nobles (*ariyāna niyyāna*). Por medio de la renuncia, los nobles avanzan. El deseo sensorial es un impedimento para el progreso hacia la liberación (*niyyānāvaraṇa*), porque alguien envuelto en deseo sensorial no comprende la renuncia como un medio de progreso. Es por eso por lo que el deseo sensorial es un impedimento.

2. La ausencia de mala voluntad (*abyāpāda*) es un medio de progreso hacia la liberación para los nobles. Por medio de la ausencia de mala voluntad, los nobles avanzan. La mala voluntad (*byāpāda*) es un impedimento para el progreso, porque alguien envuelto en mala voluntad no comprende la ausencia de mala voluntad como un medio de progreso. Es por eso por lo que la mala voluntad es un impedimento.
3. La percepción de luz (*ālokasaññā*) es un medio de progreso hacia la liberación para los nobles. Por medio de la percepción de luz, los nobles avanzan. La pereza y el letargo (*thīnamiddha*) son impedimentos, porque alguien envuelto en ellos no comprende la percepción de luz como un medio de progreso. Es por eso por lo que la pereza y el letargo son impedimentos.
4. La no distracción [no dispersión] de la mente (*avikkhepo*) es un medio de progreso hacia la liberación para los nobles. Por medio de la no distracción, los nobles avanzan. La agitación es un impedimento, porque alguien envuelto en ella no comprende la calma como un medio de progreso. Es por eso por lo que la agitación es un impedimento.
5. El discernimiento de los fenómenos (*dhammavavatthāna*), es un medio de progreso hacia la liberación para los nobles. Por medio del discernimiento de los fenómenos, los nobles avanzan. La duda (*vicikicchā*) es un impedimento, porque alguien envuelto en ella no comprende el discernimiento como un medio de progreso. Es por eso por lo que la duda es un impedimento.
6. El conocimiento (*ñāṇa*) es un medio de progreso hacia la liberación para los nobles. Por medio del conocimiento, los nobles avanzan. La ignorancia (*avijjā*) es un impedimento, porque alguien envuelto en ella no comprende el conocimiento como un medio de progreso. Es por eso por lo que la ignorancia es un impedimento.
7. La alegría (*pāmojja*) es un medio de progreso hacia la liberación para los nobles. Por medio de la alegría, los nobles avanzan. El descontento (*arati*) es un impedimento, porque alguien envuelto en él no comprende la alegría como un estado de progreso. Es por eso por lo que el descontento es un impedimento.
8. Todos los estados mentales sanos (*sabbepi kusalā dhammā*) son un medio de progreso hacia la liberación para los nobles. Por medio de los estados sanos, los nobles avanzan. Los estados

malsanos (*akusalā dhammā*) son un impedimento, porque alguien envuelto en ellos no comprende los estados mentales sanos como un estado de progreso. Es por eso por lo que los estados malsanos son un impedimento.

*Fin de la segunda sección acerca de la descripción de los dieciséis conocimientos.*

## 1.3.3. Upakkilesañāṇaniddesa (Descripción de los conocimientos sobre las imperfecciones)

### 1.3.3.1. Paṭhamacchakka (Primer grupo de seis)

*4.* **¿En qué condiciones surgen momentáneamente las dieciocho impurezas (*upakkilesā*) en alguien que cultiva la concentración en la atención plena en la respiración (*ānāpānassati-samādhi*), basada en dieciséis fundamentos, con una mente purificada de impedimentos?**

1. Cuando, mientras sigue con atención plena en forma completa el inicio, la parte media y el fin de la inhalación (*assāsa*), la mente se distrae internamente, esto constituye un impedimento para la concentración
2. Cuando, mientras sigue con atención en forma completa el inicio, la parte media y el fin de la exhalación (*passāsa*), la mente se distrae externamente, esto constituye un impedimento para la concentración.
3. Cuando uno desea aprehender con expectativa [ansia o deseo] la inhalación, desarrollando deseo y apego, esto constituye un impedimento para la concentración.
4. Cuando uno desea aprehender con expectativa la exhalación, desarrollando deseo y apego, esto constituye un impedimento para la concentración.
5. Cuando la mente, afligida [*abhitunna*; abrumada, afectada] durante la inhalación, experimenta confusión [*mucchanā*; inconsciencia, desfallecimiento] al esperar la exhalación; esto constituye un impedimento para la concentración.
6. Cuando la mente, afligida durante la exhalación, experimenta confusión al esperar la inhalación, esto constituye un impedimento para la concentración.

*Atendiendo la inhalación se distrae internamente,*
*atendiendo la exhalación se distrae externamente;*
*atendiendo la inhalación con expectativa, desarrolla deseo y apego;*
*atendiendo la exhalación con expectativa, desarrolla deseo y apego;*
*atendiendo con aflicción la inhalación, se confunde al esperar la exhalación;*
*atendiendo con aflicción la exhalación, se confunde al esperar la inhalación.*

Estos son las seis impurezas (*upakkilesā*) que, al surgir durante la práctica de la atención plena en la respiración (*ānāpānassati-samādhi*), impiden que la mente se libere y que el meditador alcance dicha liberación. Aquellos que no comprenden la liberación (*vimokkhaṁ appajānantā*), dependen entonces de [las palabras de] otros (*te honti parapattiyā*).

### 1.3.3.2. Dutiyacchakka (Segundo grupo de seis)

1. Cuando al considerar (*āvajjati*; notar, captar, reflexionar en) el signo (*nimitta*)[1,2] la mente se agita (*vikampati*; vacila) debido a la inhalación (*assāsa*), esto constituye un impedimento para la concentración.
2. Cuando al considerar la inhalación la mente vacila debido a la presencia del signo, esto constituye un impedimento para la concentración.
3. Cuando al considerar el signo la mente vacila debido a la exhalación (*passāsa*), esto constituye un impedimento para la concentración.
4. Cuando al considerar la exhalación la mente vacila, debido a la presencia del signo, esto constituye un impedimento para la concentración.
5. Cuando al considerar la inhalación la mente vacila [anticipando] la exhalación, esto constituye un impedimento para la concentración.
6. Cuando al considerar la exhalación la mente vacila [anticipando] la inhalación, esto constituye un impedimento para la concentración.

*Cuando se advierte el signo,*
*la mente vacila durante la inhalación;*
*cuando se advierte la inhalación,*
*la mente vacila debido al signo;*

*cuando se advierte el signo,*
*la mente vacila durante la exhalación;*
*cuando se advierte la exhalación,*
*la mente vacila debido al signo;*
*cuando la mente advierte la inhalación,*
*la mente vacila [anticipando] la exhalación;*
*cuando se advierte la exhalación,*
*la mente vacila [anticipando] la inhalación.*

Estos son las seis impurezas que, al surgir durante la práctica de la atención plena de la respiración, impiden que la mente se libere y que el meditador alcance la liberación. Aquellos que no comprenden la liberación (*vimokkhaṁ appajānantā*), dependen entonces de [las palabras de] otros (*te honti parapattiyā*).

### 1.3.3.3. Tatiyacchakka (Tercer grupo de seis)

1. Cuando la mente se distrae siguiendo recuerdos del pasado, esto constituye un impedimento para la concentración.
2. Cuando la mente se inquieta anticipando el futuro, esto constituye un impedimento para la concentración.
3. Cuando la mente se hunde en letargo debido a la pereza, esto constituye un impedimento para la concentración.
4. Cuando la mente se sobreesfuerza debido a la agitación, esto constituye un impedimento para la concentración.
5. Cuando la mente se inclina hacia el deseo, esto constituye un impedimento para la concentración.
6. Cuando la mente se afecta [oprime] por la aversión debido a la mala voluntad, esto constituye un impedimento para la concentración.

*Una mente distraída por el pasado,*
*una mente que anticipa el futuro,*
*una mente letárgica o sobreesforzada,*
*una mente deseosa u oprimida por la aversión,*
*no encuentra la concentración.*

Estas seis impurezas contaminan el propósito de los que aspiran al *samādhi* mediante la atención plena en la respiración, al impedirles cultivar la mente superior.

1. Cuando uno sigue la inhalación, la exhalación y las etapas intermedias con atención inadecuada, si la mente está distraída

internamente [por la duda], tanto el cuerpo como la mente se agitan (*sāraddhā ca*), tornándose inquietos e inestables.

2. Cuando uno sigue la inhalación, la exhalación y las etapas intermedias con atención inadecuada, si la mente está distraída externamente [por el deseo de distracción], tanto el cuerpo como la mente se agitan, tornándose inquietos e inestables.
3. Cuando uno tiene anhelo y apego hacia la inhalación, tanto el cuerpo como la mente se vuelven agitados, inquietos e inestables.
4. Cuando uno tiene anhelo y apego hacia la exhalación, tanto el cuerpo como la mente se vuelven agitados, inquietos e inestables.
5. Cuando uno desfallece en la inhalación y surge ansiedad y confusión al exhalar, tanto el cuerpo como la mente se agitan, tornándose inquietos e inestables.
6. Cuando uno desfallece en la exhalación y surge ansiedad y confusión al inhalar, tanto el cuerpo como la mente se agitan, tornándose inquietos e inestables.
7. Cuando uno contempla el signo mientras inhala, la mente se agita, y tanto el cuerpo como la mente se agitan, tornándose inquietos e inestables.
8. Cuando uno contempla la respiración mientras se enfoca en el signo, la mente se agita, y tanto el cuerpo como la mente se agitan, tornándose inquietos e inestables.
9. Cuando uno contempla el signo mientras exhala, la mente se agita, y tanto el cuerpo como la mente se agitan, tornándose inquietos e inestables.
10. Cuando uno contempla la respiración mientras se enfoca en el signo, la mente se agita, y tanto el cuerpo como la mente se agitan, tornándose inquietos e inestables.
11. Cuando uno contempla la exhalación, la mente se agita, y tanto el cuerpo como la mente se agitan, tornándose inquietos e inestables.
12. Cuando uno contempla la inhalación, la mente se agita, y tanto el cuerpo como la mente se agitan, tornándose inquietos e inestables.
13. Cuando la mente está distraída por recuerdos del pasado, tanto el cuerpo como la mente se agitan, tornándose inquietos e inestables.
14. Cuando la mente está agitada por expectativas, tanto el cuerpo como la mente se agitan, tornándose inquietos e inestables.
15. Cuando la mente está perezosa y dominada por la pereza, tanto el cuerpo como la mente se agitan, tornándose inquietos e inestables.

16. Cuando la mente está demasiado excitada y dominada por la inquietud, tanto el cuerpo como la mente se agitan, tornándose inquietos e inestables.
17. Cuando la mente está inclinada hacia el deseo, tanto el cuerpo como la mente se agitan, tornándose inquietos e inestables.
18. Cuando la mente está con aversión debido a mala voluntad, tanto el cuerpo como la mente se agitan, tornándose inquietos e inestables.

*La atención plena en la respiración,*
*cuando no está completamente desarrollada,*
*conduce a la agitación tanto del cuerpo como de la mente.*
*El cuerpo se vuelve inquieto y la mente se vuelve inquieta.*
*El cuerpo y la mente se agitan.*
*La atención plena en la respiración,*
*cuando está completamente desarrollada,*
*conduce a la imperturbabilidad (aniñjita) tanto del cuerpo como de la mente.*
*El cuerpo y la mente se tornan libres de estremecimiento.*
*El cuerpo se vuelve firme y la mente se vuelve ecuánime.*

Para aquel cuya mente está purificada de estos impedimentos, mientras desarrolla los dieciséis aspectos de la atención plena en la respiración, estas dieciocho imperfecciones surgen momentáneamente.

Esta es el tercer grupo de seis que explica las imperfecciones.

*Fin de la tercera sección acerca del conocimiento sobre las impurezas (Upakkilesañāṇaniddesa).*

### 1.3.4. Vodānañāṇaniddesa (Descripción de los conocimientos sobre las purificaciones)

5. **¿Cuáles son los trece conocimientos sobre las purificaciones (*vodāne ñāṇāni*)?**

1. Cuando la mente acude al pasado, perturbada por las distracciones, eso constituye un impedimento para la concentración. Tras abandonar ese estado, la mente se estabiliza en un solo lugar (*ekaṭṭhāne*), y de este modo la mente no cae en la distracción.
2. Cuando la mente se ve perturbada por la incertidumbre del futuro, eso constituye un impedimento para la concentración.

Tras abandonar ese estado, la mente se mantiene centrada en un solo lugar, y de este modo la mente no cae en la distracción.

3. Cuando la mente es afectada y cae en la pereza (*kosajjānupatita*), eso constituye un impedimento para la concentración. Tras abandonar ese estado, la mente se mantiene alerta y concentrada, y de este modo la mente no cae en la distracción.
4. Cuando la mente se ve afectada por la agitación o inquietud (*uddhacca*), eso constituye un impedimento para la concentración. Tras abandonar ese estado, la mente se vuelve tranquila y centrada, y de este modo la mente no cae en la distracción.
5. Cuando la mente se ve afectada por la lujuria o pasión (*rāga*), eso constituye un impedimento para la concentración. Tras abandonar ese estado, la mente se libera del deseo y se mantiene enfocada, y de este modo la mente no cae en la distracción.
6. Cuando la mente se ve afectada por la mala voluntad o aversión (*byāpāda*), eso constituye un impedimento para la concentración. Tras abandonar ese estado, la mente se libera de la aversión, y de este modo la mente no cae en la distracción.

Estos seis estados de impureza afectan la mente, pero al ser abandonados, la mente se purifica y se mantiene firme en su concentración.

**¿Cuáles son esas purificaciones?**

1. La purificación de la unificación basada en el abandono [de estados malsanos].
2. La purificación de la unificación basada [en la atención plena al] objeto de concentración.
3. La purificación de la unificación basada en [la atención plena a] la característica de la transitoriedad.
4. La purificación de la unificación con base en el cese [o extinción de los impedimentos].

La purificación del abandono es para aquellos inclinados hacia la renuncia, la purificación de la base del objeto de concentración es para aquellos dedicados al desarrollo de la mente, la purificación de la percepción de la transitoriedad es para los que practican la introspección, y la purificación de la percepción del cese es para los discípulos nobles.

Mediante estas cuatro bases (*imehi catūhi ṭhānehi*), la mente unificada se inclina hacia [tres aspectos]:

1. La purificación del camino (*paṭipadāvisuddhi*).

2. El desarrollo de la ecuanimidad (*upekkhānubrūhita*).
3. El deleite generado por la sabiduría (*ñāṇena sampahaṁsitaṁ*).

### El primer jhāna

6. **¿Cuál es el inicio, cuál es la parte media y cuál es el final del primer jhāna?**

La purificación del camino (*paṭipadāvisuddhi*) es el inicio del primer *jhāna*, el cultivo de la ecuanimidad es la parte media y el deleite [o exaltación] es el final.

La purificación del camino es el inicio del primer *jhāna*.

**¿Cuántas características tiene el inicio?**

El inicio tiene tres características:

1. Purificación de la mente una vez que ha superado los impedimentos;
2. Dirección [orientación, enfoque] de la mente hacia el objeto [o signo] de serenidad (*samathanimitta*) cuando la mente se ha purificado;
3. Inmersión [absorción] total en el primer *jhāna* cuando la mente se ha dirigido al objeto.

El inicio del primer *jhāna* es la pureza del camino (*paṭipadāvisuddhi*). Por ello se dice que el primer *jhāna* es excelente desde el inicio (*ādikalyāṇa*) y está dotado de características completas (*lakkhaṇasampanna*).

En la parte media se intensifica la ecuanimidad (*upekkhānubrūhanā*) del primer *jhāna*.

**¿Cuáles son las características (*lakkhaṇāni*) de la parte media?**

La parte media tiene tres características:

1. Contempla con ecuanimidad (*ajjhupekkhati*) la mente purificada (*visuddhaṁ cittaṁ*);
2. Contempla con ecuanimidad lo que se ha establecido en la serenidad (*samathapaṭipannaṁ*);
3. Contempla con ecuanimidad la presencia [el establecimiento] de la unificación (*ekattupaṭṭhānaṁ*).

Lo que contempla con ecuanimidad la mente purificada, lo que contempla con ecuanimidad el estado de serenidad, y lo que contempla con ecuanimidad la presencia de la unificación: estas son las características de la parte media en la intensificación de la ecuanimidad del primer *jhāna*.

Estas son las tres características de la parte media. Por eso se dice: "el primer *jhāna* es admirable en la parte media y posee características auspiciosas".

Desde el inicio hasta el final, *jhāna* es exaltado.

**¿Cuáles son las características del final?**

El final tiene cuatro características:

1. La característica de ser satisfactorio (*sampahaṁsanā*) en cuanto a los fenómenos surgidos (*dhammānaṁ*), ya que no puede ser superada (*anativattanaṭṭhena*).
2. La característica de ser satisfactorio en virtud de la uniformidad (*ekarasaṭṭhena*) de las facultades sensoriales (*indriyā*).
3. La característica de ser satisfactorio en virtud del esfuerzo que sostiene esos fenómenos producidos (*tadupagavīriyavāhanaṭṭhena*).
4. La característica de ser satisfactorio en cuanto a la repetición (el cultivo) de los fenómenos producidos (*āsevanaṭṭhena*).

Desde el inicio hasta el final, *jhāna* es satisfactorio.

Estas son las cuatro características del final.

Por eso se dice: "el primer *jhāna* es admirable en el final y posee características auspiciosas".

Así, la mente en el ciclo triple es de triple cualidad admirable y posee diez características, estando dotada de:

1. Aplicación mental inicial (*vitakka*).
2. Exploración mental sostenida (*vicāra*).
3. Gozo (*pīti*).
4. Felicidad (*sukha*).
5. Determinación mental (*cittassa adhiṭṭhāna*).
6. Fe (*saddhā*).
7. Esfuerzo (*vīriya*).
8. Atención plena (*sati*).
9. Concentración (*samādhi*).
10. Sabiduría (*paññā*).

## El segundo jhāna

**¿Cuál es el inicio, la parte media y el final del segundo *jhāna*?**

El inicio del segundo *jhāna* es la purificación del sendero (*paṭipadā-visuddhi*), la parte media es el desarrollo de la ecuanimidad (*upekkhā-*

*nubrūhanā*), y el final es el deleite (*sampahaṁsanā*) ... [Tres características en el inicio... (*repetir como en el primer jhāna*); tres características en la parte media (*ídem primer jhāna*); y cuatro características en el final (*ídem*)].

De esta manera, la mente que ha culminado las tres fases es así triplemente excelente, y está dotada de diez características, las tres fases mencionadas, junto con plenitud de: gozo y felicidad, determinación, fe, energía, atención plena, concentración y sabiduría.

### El tercer jhāna

**¿Cuál es el inicio, la parte media y el final del tercer *jhāna*?**

El inicio del tercer *jhāna* es la purificación del sendero, la parte media es el desarrollo de la ecuanimidad, y el final es el deleite ... [*ídem*].

De esta manera, la mente que ha culminado las tres fases es triplemente excelente, y está dotada de diez características, las tres fases mencionadas, junto con plenitud de: felicidad, determinación, fe, energía, atención plena, concentración y sabiduría.

### El cuarto jhāna

**¿Cuál es el inicio, la parte media y el final del cuarto *jhāna*?**

El inicio del cuarto *jhāna* es la purificación del sendero, la parte media es el desarrollo de la ecuanimidad, y el final es el deleite ... [*ídem*].

De esta manera, la mente que ha culminado las tres fases es triplemente excelente, y está dotada de diez características, las tres fases mencionadas, junto con plenitud de: ecuanimidad, determinación, fe, energía, atención plena, concentración y sabiduría.

### Los logros de las bases inmateriales

[(...): *ídem, descripción de los cuatro jhanas para esta sección, hasta la sección de las cuatro vías*]

En el logro en la absorción del espacio ilimitado (*ākāsānañcāyatana samāpatti*) ... el logro en la absorción de la conciencia ilimitada (*viññāṇañcāyatana samāpatti*) ... el logro en la absorción de la nada (*ākiñcaññāyatana samāpatti*) ... en el logro de la absorción de la *ni percepción ni no-percepción* (*nevasaññānāsaññāyatana samāpatti*) ...

**¿Cuál es el principio, cuál es la parte media, cuál es el final?**

[Ídem] ... de esta manera, la mente se convierte en triplemente exaltada, dotada de diez características, poseyendo ecuanimidad y determinación... y también dotada de sabiduría.

### Las dieciocho contemplaciones introspectivas

1. ¿Cuál es el principio, cuál es la parte media, cuál es el final de la contemplación de la transitoriedad (*aniccānupassanā*)? ... De esta manera, la mente se convierte en triplemente exaltada, dotada de diez características, poseyendo aplicación mental inicial y exploración mental sostenida, con gozo, felicidad, determinación, fe, energía, atención plena con comprensión clara, concentración y sabiduría.
2. (De manera similar) la contemplación del sufrimiento (*dukkhānupassanā*)...,
3. ...la contemplación del *no yo* [no-personalidad] (*anattānupassanā*)...,
4. ...la contemplación del desencanto (*nibbidānupassanā*)...,
5. ...la contemplación del desapego (*virāgānupassanā*)...,
6. ...la contemplación del cese (*nirodhānupassanā*)...,
7. ...la contemplación de la renuncia (*paṭinissaggānupassanā*)...,
8. ...la contemplación de la desintegración (*khayānupassanā*)...,
9. ...la contemplación de la disolución (*vayānupassanā*)...,
10. ...la contemplación del cambio (*vipariṇāmānupassanā*)...,
11. ...la contemplación de lo que no tiene signo (*animittānupassanā*)...,
12. ...la contemplación del no deseo (*appaṇihitānupassanā*)...,
13. ...la contemplación de la vacuidad [del yo] (*suññatānupassanā*)...,
14. ...la contemplación del discernimiento introspectivo superior de los fenómenos (*adhipaññādhammavipassanā*)...,
15. ...el conocimiento y visión de las cosas tal como son (*yathābhūtañāṇadassanā*)...,
16. ...la contemplación del peligro (*ādīnavānupassanā*)...,
17. ...la contemplación reflexiva (*paṭisaṅkhānupassanā*)...,
18. ...la contemplación del distanciamiento [respecto al ciclo samsárico] (*vivaṭṭānupassanā*)...

**¿Dónde está el inicio, la parte media y el final de las vías del *sotāpatti*, el *sakadāgāmi*, el *anāgāmi* y el *arahant*?**

El estado de pureza de la vía hacia el estado de *arahant* tiene su inicio en *upekkhā* (ecuanimidad), su parte media en el desarrollo de dicha ecuanimidad, y su final en el deleite. El estado de pureza de la vía hacia el estado de *arahant* comienza con la pureza de la vía.

**¿Cuántas son las características de ese inicio?**

El inicio tiene tres características. Cuando un impedimento es eliminado, la mente se purifica, y debido a esa pureza, la mente procede hacia la concentración intermedia (*samatha*), y, habiendo avanzado, la mente se establece allí. Así, cuando la mente se purifica por la eliminación de dicho impedimento, al purificarse, la mente sigue el signo de concentración intermedia, y al avanzar, se establece en esa concentración. Por eso se dice que la pureza del camino hacia el estado de *arahant* tiene tres características: el inicio, la parte media y el final [eliminación, seguimiento, y establecimiento].

**¿Cuántas son las características de esa parte media?**

El camino hacia el estado de *arahant* (*arahattamagga*) tiene su parte media en el desarrollo de la ecuanimidad (*upekkhānubrūhanā*).

La parte media tiene tres características: la mente purificada (*visuddhaṁ cittaṁ*) se mantiene en ecuanimidad, la mente establecida en el desarrollo de la serenidad (*samathapaṭipannaṁ*) se mantiene en ecuanimidad, y la mente enfocada en la unificación (*ekattupaṭṭhānaṁ*) se mantiene en ecuanimidad. Así, tanto la mente pura, como la mente establecida en *samatha* y la enfocada en la unificación se mantienen en ecuanimidad. Por eso se dice: "el camino hacia el estado de *arahant* es excelente en su parte media y está dotado de características".

**¿Cuántas son las características de esta culminación [parte final]?**

El camino hacia el estado de *arahant* culmina en el deleite [o exaltación].

La culminación tiene cuatro características. Primero, el deleite por no transgredir los *dhammas* que han surgido; segundo, el deleite por la unificación de las facultades; tercero, el deleite por el esfuerzo continuo hacia ese objetivo; y cuarto, el deleite por la familiaridad con ese estado. Por tanto, se dice que el camino hacia el estado de *arahant* culmina en el deleite. Estas son las cuatro características de la culminación. Así se dice: "el camino hacia el estado de *arahant* es excelente en su culminación y está lleno de características".

7. De esta manera, la mente en su triple ciclo [inicial, medio y final] se convierte en excelente de tres maneras, y está en plenitud de diez características [los factores jhánicos y las cinco facultades]:

1. Aplicación mental inicial; 2. Exploración mental sostenida [examen o ponderación]; 3. Gozo; 4. Felicidad; 5. Unificación; 6. Fe; 7. Energía; 8. Atención plena; 9. Concentración; y 10. Sabiduría.

### *8.* Discernimiento de tres fenómenos

El símil de la sierra

*El signo (nimitta), la inhalación (assāsa) y la exhalación (passāsa),*
*no son objeto de una sola mente (anārammaṇamekacittassa),*[3]
*sin el discernimiento (ājānāti) de estos tres fenómenos,*
*el desarrollo (bhāvanā) no se logra.*

*El signo, la inhalación y la exhalación,*
*no son objeto de una sola mente,*
*con el discernimiento (jānāti) de estos tres fenómenos,*
*el desarrollo se logra.*

**¿Cómo es que estos tres fenómenos no son objeto de una sola mente, no son desconocidos y no distraen la mente, y sin embargo la mente se muestra firme, persevera y alcanza la excelencia?**

Es como un árbol plantado en un terreno llano. Si un hombre lo corta con una sierra, mientras la sierra toca el árbol, la atención del hombre permanece firme; no se distrae con los dientes de la sierra que van y vienen, pero los dientes de la sierra no le son desconocidos, así, la firmeza de la mente se mantiene y el esfuerzo es logrado. Así como el árbol plantado en un terreno llano, de la misma manera, la atención está vinculada al objeto. Como los dientes de la sierra, así son las inhalaciones y las exhalaciones. Así como la atención del hombre se mantiene firme mientras los dientes de la sierra tocan el tronco del árbol y no se distrae con los dientes de la sierra que van y vienen, pero los dientes de la sierra no le son desconocidos, así la firmeza de la mente se mantiene y el esfuerzo es logrado. De la misma manera, el bhikkhu, estableciendo la atención plena (*sati*) en el signo —en la punta de la nariz o en la entrada [o delante de sí] (*mukkhanimitte*)—, permanece sentado; no se distrae con las inhalaciones y exhalaciones que van y vienen, pero las inhalaciones y exhalaciones no le son desconocidas, mantiene la firmeza de la mente y el esfuerzo es logrado. Así alcanza la excelencia (*visesa*) mediante el esfuerzo.

**¿Qué es el esfuerzo (*padhāna*)?**

Cuando el cuerpo y la mente de alguien con energía firme (*āraddha-vīriya*) se tornan maleables y funcionales, esto es esfuerzo (*padhāna*).

**¿Qué es el desarrollo [la práctica] (*payogo*)?**

Cuando alguien con energía firme supera las imperfecciones (*upakkilesā*) y calma los pensamientos (*vitakkā*), esto es el desarrollo.

**¿Qué es la excelencia [o distinción] (*visesa*)?**

Cuando alguien con energía firme abandona los encadenamientos (*saṃyojanā*) y extingue las tendencias latentes [o subyacentes] (*anusayā*), esto es la excelencia (*visesa*).

Así, estos tres fenómenos [esfuerzo, desarrollo y excelencia] no son objeto único de la mente, permanecen claramente discernidos, la mente no se desvía, el esfuerzo se manifiesta, el desarrollo se perfecciona y se logra la excelencia.

*9.* **La perfección de la atención plena en la respiración**

***Ānāpānassati yassa, paripuṇṇā subhāvitā;***
***anupubbaṁ paricitā,***
***yathā buddhena desitā;***
***so imaṁ lokaṁ pabhāseti,***
***abbhā muttova candimāti.***

[*Aquel que ha desarrollado la atención plena en la respiración,*
*cultivándola progresivamente,*
*tal como fue enseñada por el Buda,*
*ilumina este mundo,*
*como la luna libre de nubes*].

*10.* **Desglose detallado del verso:**

***Ānan*** se refiere a la inhalación, no a la exhalación.

***Āpānan*** se refiere a la exhalación, no a la inhalación. La atención se establece con la inhalación, la atención se establece con la exhalación. La atención se establece (es fundamento) en quién inhala; la atención se establece (es fundamento) en quién exhala.

***Paripuṇṇā*** significa completa en el sentido de adquisición (*pariggahaṭṭhena*), completa en el sentido de estar rodeada de sus factores complementarios (*parivāraṭṭhena*), completa en el sentido de estar plenamente desarrollada (*paripūraṭṭhena*).

***Subhāvitā*** significa bien cultivada en los cuatro cultivos: el cultivo de no transgredir [no ir más allá de] los *dhammas* que han surgido allí (*anativattanaṭṭhena*), el cultivo en la unificación de las facultades (*ekarasaṭṭhena*), el cultivo en el esfuerzo continuo dirigido hacia el objetivo (*vīriyavāhanaṭṭhena*), el cultivo de la familiaridad [o asiduidad] de la práctica (*āsevanaṭṭhena*).

Estos cuatro cultivos [no transgresión, unificación, esfuerzo continuo y familiaridad] están completamente adquiridos (*yānīkatā*), fundamentados (*vatthukatā*), establecidos constantemente (*anuṭṭhitā*) y bien iniciados y practicados (*paricitā susamāraddhā*).

***Yānīkatā*** se refiere a aquel que ha alcanzado dominio (*vasippatto*), poder (*balappatto*) y confianza inquebrantable (*vesārajjappatto*) en cualquier objeto o práctica hacia la que dirija su mente. Para él, estos *dhammas* están conectados con la reflexión, están relacionados con sus aspiraciones, están vinculados con su atención, están asociados con el surgimiento de su mente. Por eso se dice: "*yānīkatā*" (bien organizado o dirigido).

***Vatthukatā*** se refiere a cuando la mente está bien establecida (*svādhiṭṭhitaṁ*) en un fundamento (*vatthu*), y la atención plena (*sati*) está bien establecida (*sūpaṭṭhitā*) en ese mismo fundamento. En cualquier objeto donde la atención se fije firmemente, en ese objeto la mente se establece. Por eso se dice "*vatthukatā*" (bien establecida en su fundamento).

***Anuṭṭhitā*** implica que la atención plena (*sati*) y la mente (*citta*) se mueven juntas armoniosamente. En cualquier dirección en la que la mente es dirigida hacia el fundamento, la atención plena lo sigue en consecuencia. Por eso se dice: "*anuṭṭhitā*" (bien sostenido o dirigido).

***Paricitā*** significa bien practicada y familiarizada en varios sentidos: dominada completamente, acompañada de los factores necesarios, y plenamente desarrollada. "Quien contempla con atención plena vence los *dhammas* malsanos e insalubres." Por eso se dice: "*paricitā*" (bien familiarizada).

***Susamāraddhā*** se refiere a estar completamente iniciado o emprendido de manera adecuada en cuatro aspectos:

1. Bien iniciado porque no se excede en los *dhammas* que han surgido allí.
2. Bien iniciado porque las facultades se unifican.
3. Bien iniciado porque está sostenido por energía adecuada.
4. Bien iniciado porque los impedimentos y las impurezas que se oponen han sido completamente erradicados.

Por eso se dice: "*susamāraddhā*" (bien iniciado y emprendido).

***Susamaṁ*** significa: perfectamente equilibrado, se refiera a que hay equilibrio (*samaṁ*) y hay un perfecto equilibrio (*susamaṁ*).

**¿Qué es equilibrio?** Los *dhammas* sanos y libres de faltas que surgen allí y que conducen al despertar (*bodhipakkhiyā*), eso es equilibrio.

**¿Qué es el perfecto equilibrio?** El cese y Nibbāna como objetos de esos *dhammas*, eso es el perfecto equilibrio. Así, tanto equilibrio como el perfecto equilibrio son conocidos, vistos, comprendidos, realizados y experimentados con sabiduría. La energía (*vīriya*) está firmemente establecida y libre de pereza (*asallīnaṁ*), la atención plena (*sati*) está establecida y no distraída (*asammuṭṭhā*), el cuerpo está calmado (*passaddho*) y libre de tensión (*asāraddho*), la mente está concentrada (*samāhitaṁ*) y unificada (*ekaggaṁ*). Por eso se dice: "perfectamente equilibrado".

***Anupubbaṁ paricitā*** significa "gradualmente practicada y familiarizada". En la inhalación larga (*dīghaṁ assāsa*), las fases iniciales (*purimā*) [ver arriba, inciso *6 – El primer jhāna*] se practican primero (*paricitā*), y luego las fases posteriores (*pacchimā*) se practican gradualmente (*anuparicitā*). En la exhalación larga (*dīghaṁ passāsa*), las fases iniciales se practican primero, y las fases posteriores se practican gradualmente. En la inhalación corta (*rassaṁ assāsa*), las fases iniciales se practican primero, y luego las fases posteriores se practican gradualmente. En la exhalación corta (*rassaṁ passāsa*), las fases iniciales se practican primero, y luego las fases posteriores se practican gradualmente ... [*de la misma forma se consideran las demás etapas que componen las cuatro tétradas de la práctica de ānāpānassatisamādhi, finalizando con*]: En la contemplación del abandono (*paṭinissaggānupassī*) mediante la inhalación, las fases iniciales se practican primero, y luego las posteriores gradualmente. En la contemplación del abandono mediante la exhalación, las fases iniciales se practican primero, y luego las posteriores gradualmente.

Las dieciséis etapas de la atención plena en la respiración (*ānāpāna-ssati*) están todas interrelacionadas, siendo practicadas tanto conjuntamente como gradualmente. Por eso se dice: **"***anupubbaparicitā***"**, es decir: "Practicada gradualmente y familiarizada paso a paso".

***Yathā*** se refiere a las diez prácticas alineadas con la verdad:

1. ***Attadamathattho yathattho***: significa el control sobre uno mismo. [*Attadamatha*: dominar o someter las propias tendencias perjudiciales].
2. ***Attasamathattho yathattho***: significa la pacificación de uno mismo. [*Attasamatha*: alcanzar la calma interna).
3. ***Attaparinibbāpanattho yathattho***: significa la extinción completa de las impurezas en uno mismo. [*Attaparinibbāna*: lograr la liberación final].

4. ***Abhiññattho yathattho***: significa el logro del conocimiento superior. [*Abhiññā*: los conocimientos supernormales alcanzados mediante la meditación].
5. ***Pariññattho yathattho***: significa el entendimiento completo. [*Pariññā*: comprensión plena de las características de los fenómenos].
6. ***Pahānattho yathattho***: significa el abandono. [*Pahāna*: el dejar atrás las impurezas o corrupciones].
7. ***Bhāvanattho yathattho***: significa el cultivo y desarrollo. [*Bhāvanā*: desarrollo de cualidades mentales y espirituales].
8. ***Sacchikiriyattho yathattho***: significa la realización directa. [*Sacchikiriyā*: el experimentar personalmente la verdad].
9. ***Saccābhisamayattho yathattho***: significa la comprensión profunda de las verdades. [*Saccābhisamaya*: el penetrar completamente en las Cuatro Nobles Verdades].
10. ***Nirodhe patiṭṭhāpakattho yathattho***: significa establecerse en el cese. [*Nirodha*: el cese de las impurezas y el sufrimiento].

***Buddho*** se refiere al Bienaventurado, el que se ha iluminado por sí mismo, aquel que no requirió de un maestro, él mismo habiendo comprendido completamente las verdades (*saccāni*) en los *dhammas* que antes no habían sido escuchados ni enseñados, habiendo alcanzado la omnisciencia y habiendo alcanzado el dominio en cuanto a los poderes (*bala*).

¿En qué sentido se le llama "Buddho"? Porque ha comprendido las verdades (*saccāni*), es Buddho. Porque guía (*pajā*) a los seres, es Buddho. Por su omnisciencia (*sabbaññutā*), es Buddho. Por su visión total (*sabbadassāvitā*), es Buddho. Porque no depende de otros para su conocimiento (*anaññaneyyatāya*), es Buddho. Por ser completamente libre de impurezas (*visavitāya*), es Buddho. Porque ha superado completamente el deseo (*vītarāga*), es Buddho. Porque ha superado completamente la aversión (*vītadosa*), es Buddho. Porque ha superado completamente la ofuscación (*vītamoha*), es Buddho. Porque ha eliminado completamente las impurezas (*nikkilesa*), es Buddho. Porque ha recorrido el camino directo de la vía (*ekāyanamagga*), es Buddho. Porque él solo ha alcanzado la insuperable iluminación perfecta (*anuttaraṁ sammāsambodhi*), es Buddho. Porque ha vencido la falta de iluminación (*abuddhi*) y ha alcanzado la verdadera sabiduría (*buddhipaṭilābha*), es Buddho.

Este nombre de Buddho no fue dado por la madre, ni por el padre, ni por el hermano, ni por la hermana, ni por los amigos y compañeros, ni por los parientes y familiares, ni por los *samaṇās* y brahmanes, ni por los *devas*.

Es una proclamación definitiva de los Budas bajo el árbol de la iluminación, junto con la adquisición del conocimiento omnisciente (*sabbaññutaññāṇa*) y la realización directa (*sacchikā*), esto es lo que se llama Buddho.

***Desitā*** significa: enseñado por el Buda. Enseñado con el propósito del autodominio ... de pacificarse a uno mismo ... de extinguir las impurezas en uno mismo ... de establecerse en el cese, tal como fue expuesto por el Buda.

***So*** puede referirse tanto a un laico como a un renunciante.

***Loko*** significa el mundo de los agregados, el mundo de los elementos, el mundo de las bases sensoriales, el mundo del devenir desafortunado, el mundo del nacimiento desafortunado, el mundo del devenir afortunado y el mundo del nacimiento afortunado. Un solo mundo: "Todos los seres existen [en dependencia del] alimento" ... [*hasta*:]... dieciocho mundos: "Las dieciocho categorías de elementos".[4]

***Pabhāsetī*** significa iluminar en el sentido del autodominio (*attadamathattha*), comprendido correctamente. El meditador ilumina este mundo, brilla, y resplandece. En el sentido de la calma autoinducida (*attasamathattha*), comprendido correctamente. Él ilumina este mundo, brilla, y resplandece. En el sentido de la autoextinción final (*attaparinibbāpanattha*), comprendido correctamente. Él ilumina este mundo, brilla, y resplandece... hasta el sentido de establecerse en el cese (*nirodhe patiṭṭhāpakattha*), comprendido correctamente. Él ilumina este mundo, brilla, y resplandece.

***Abbhā muttova candimā*** significa la luna liberada de nubes. Así como las nubes son las impurezas. Así como la luna es el conocimiento noble. Así como el *deva* llamado Candimā [relacionado con la luna], así es el bhikkhu. Así como la luna, liberada de las nubes, liberada de la tierra, liberada del humo y el polvo, y liberada de las manos de Rāhu, brilla, resplandece y se ilumina, del mismo modo el bhikkhu, liberado de todas las impurezas, brilla, resplandece y se ilumina. Por eso se dice: "*abbhā muttova candimā*". Estas son las trece sabidurías de purificación.

*Fin de la cuarta sección acerca de la sabiduría de purificación.*

## 1.3.5. Satokāriñāṇaniddesa (Descripción de los conocimientos de los Satokārī)[5]

*11.* **4 Tétradas, 16 bases y 32 conocimientos**

**¿Cuáles son los treinta y dos conocimientos del meditador con atención plena (*satokārī*)?**

***Idha bhikkhu araññagato vā rukkhamūlagato vā suññāgāragato vā nisīdati pallaṅkaṁ ābhujitvā ujuṁ kāyaṁ paṇidhāya parimukhaṁ satiṁ upaṭṭhapetvā. So satova assasati sato passasati.***

[Aquí, un bhikkhu que se retira al bosque, se sienta al pie de un árbol o en un lugar deshabitado, cruza las piernas, mantiene el cuerpo erguido y establece la atención plena frente a sí mismo [en la entrada]. Con atención plena, inhala y exhala].

### Primera tétrada

1. Cuando realiza una inhalación larga, comprende: "Estoy inhalando una inhalación larga";
   cuando realiza una exhalación larga, comprende: "Estoy exhalando una exhalación larga".
2. Cuando realiza una inhalación corta, comprende: "Estoy inhalando una inhalación corta";
   cuando realiza una exhalación corta, comprende: "Estoy exhalando una exhalación corta".

Luego entrena así:

3. "Percibiré claramente todo el cuerpo [de la respiración] al inhalar", y entrena así:
   "Percibiré claramente todo el cuerpo [de la respiración] al exhalar".

Además, entrena así:

4. "Calmaré la formación corporal al inhalar", y entrena así:
   "Calmaré la formación corporal al exhalar".

## Tétradas segunda a cuarta (en resumen)

### Segunda tétrada

1. [*ídem*...] experimenta gozo.
2. ...experimenta felicidad.
3. ...experimenta las formaciones mentales.
4. ...calma las formaciones mentales.

### Tercera tétrada

1. ...experimenta la mente.
2. ... alegra la mente.
3. ... concentra la mente.
4. ... libera la mente.

### Cuarta tétrada

1. ...observando la transitoriedad.
2. ... observando el desapego.
3. ... observando el cese.
4. "Inhalaré observando la liberación", se entrena. "Exhalaré observando la liberación", se entrena.

Comentario al párrafo introductorio:

***Idhā***: "Aquí". Esto se refiere a esta visión, esta paciencia, esta preferencia, este apego, este Dhamma, esta disciplina, este conjunto de enseñanzas y disciplina, esta proclamación, esta vida santa, esta instrucción del maestro. Por eso se dice "*idhā*".

***Bhikkhu***: "un bhikkhu". Puede ser una persona laica virtuosa, un discípulo en entrenamiento superior (*sekha*), un *arahant*, o alguien con un estado mental imperturbable.

***Araññan***: "Bosque". Esto significa habiendo salido de los límites establecidos por las estacas de la ciudad, todo eso es bosque.

***Rukkhamūlan***: "Raíz de un árbol". Cualquier lugar donde se disponga un asiento para el bhikkhu, ya sea un banco, taburete, montón de hierba, estera, trozo de cuero, lecho de paja, lecho de hojas o lecho de ramitas, donde el monje puede caminar, estar de pie, sentarse o acostarse.

***Suññan***: "Vacío". Se refiere a que no está ocupado por nadie, ya sean laicos o aquellos que han salido de la vida hogareña a la vida sin hogar.

***Agāran***: "Morada". Se refiere a un monasterio, una construcción abovedada, una mansión, una cabaña, o una cueva.

***Nisīdati pallaṅkaṁ ābhujitvā***: Se refiere a que se sienta cruzando las piernas.

***Ujuṁ kāyaṁ paṇidhāya***: Se refiere a que el cuerpo se mantiene erguido y bien alineado.

***Parimukhaṁ satiṁ upaṭṭhapetvā***: Estableciendo la atención plena frente a sí mismo [o en la entrada]. "Pari" significa en el sentido de adquisición. "Mukha" significa en el sentido de dirección [o entrada]. "Sati" significa atención plena [o establecida]. Por eso se dice "*parimukhaṁ satiṁ upaṭṭhapetvā*"

***Satova assasati, sato passasati***: Con plena atención inhala, con plena atención exhala. En treinta y dos formas, actúa con atención plena [*16 bases (constituyentes de las 4 tétradas) x 2 (comprensión de unificación mental y no distracción)*]. Al inhalar largo, comprendiendo la unificación de la mente y la no distracción, la atención se establece. Con esa atención plena y ese conocimiento, actúa con conciencia. Al exhalar largo, comprendiendo la unificación de la mente y la no distracción, la atención plena se establece. Con esa atención y ese conocimiento, actúa con conciencia. Al inhalar corto, comprendiendo la unificación de la mente y la no distracción, la atención plena se establece. Con esa atención y ese conocimiento, actúa con conciencia. Al exhalar corto, comprendiendo la unificación de la mente y la no distracción, la atención plena se establece. Con esa atención y ese conocimiento, actúa con conciencia ... contemplando la liberación al inhalar ... [*ídem hasta*]: contemplando la liberación [o el abandono de todo sustrato de existencia, —la última fase de la cuarta tétrada] al exhalar, comprendiendo la unificación de la mente y la no distracción, la atención plena se establece. Con esa atención y ese conocimiento, actúa con conciencia.

## 1.3.5.1. Paṭhamacatukkaniddesa (La exposición de la primera tétrada).

*12.* **Primera Tétrada**

**¿Cómo, al inhalar largo, [el bhikkhu] comprende "inhalo largo" y al exhalar largo, comprende "exhalo largo"?**

### Nueve modos de conocimiento

1. El bhikkhu inhala una inhalación larga, considerada por su extensión;
2. exhala una exhalación larga, considerada por su extensión; tanto al inhalar como al exhalar cada inhalación y exhalación largas, éstas son consideradas por su extensión;
3. al inhalar y exhalar una inhalación y exhalación largas, consideradas por su extensión, surge la aspiración [deseo, impulso, intención] (*chanda*);[6]
4. debido a la aspiración, inhala una inhalación larga, considerada por su extensión, de manera más sutil;
5. debido a la aspiración, exhala una exhalación larga, considerada por su extensión, de manera más sutil;
6. debido a la aspiración, tanto al inhalar como al exhalar cada inhalación y exhalación larga, las considera por su extensión, de manera más sutil; debido a la aspiración, al inhalar y exhalar una inhalación y exhalación largas, consideradas por su extensión, de manera más sutil, surge el gozo;

7. debido al gozo, inhala una inhalación larga, considerada por su extensión, de manera aún más sutil;
8. debido al gozo, exhala una exhalación larga, considerada por su extensión, de manera aún más sutil;
9. debido al gozo, tanto al inhalar como al exhalar cada inhalación y exhalación larga, las considera por su extensión, de manera más sutil; debido al gozo, al inhalar y exhalar una inhalación y exhalación largas, consideradas por su extensión, de manera aún más sutil, la mente se aparta (*cittaṁ vivattati*) y se establece en la ecuanimidad.[7]

Por ello se dice: "El desarrollo de la atención plena mediante la contemplación del cuerpo en el cuerpo (*kāye kāyānupassanā satipaṭṭhāna bhāvanā*)."

### *13.* ***Los Fundamentos de la Atención***

*Las inhalaciones y exhalaciones largas en estos nueve aspectos son un cuerpo.*[8]
*La atención plena se establece.*
*La contemplación es el conocimiento.*
*El cuerpo es la base de la atención, no la atención plena;*
*la atención plena es tanto la base de la atención como la atención plena.*
*Con esa atención plena y ese conocimiento, contempla ese cuerpo.*

Por lo tanto, se dice: "Desarrollando la contemplación del cuerpo en el cuerpo[9] como fundamento de la atención".

### *14.* **Anupassatī: ¿Cómo contempla ese cuerpo?**

El meditador lo contempla como transitorio, no como permanente. Lo contempla como sufrimiento, no como felicidad. Lo contempla como *no yo*, no como un yo. Se desilusiona, no se deleita. Se desapasiona, no se apega. Ve el cese, no el surgimiento. Lo abandona, no lo toma. Contemplando lo transitorio, abandona la percepción de permanencia. Contemplando el sufrimiento, abandona la percepción de felicidad. Contemplando el *no yo*, abandona la percepción del yo. Desilusionándose, abandona el deleite. Desapasionándose, abandona el apego. Viendo el cese, abandona el surgimiento. Abandonando el surgimiento, deja de aferrarse. Así es como contempla ese cuerpo.

***Bhāvanā***: significa cuatro desarrollos:

1. El desarrollo que no transgrede en cuanto a un exceso de estados mentales surgidos.
2. El desarrollo que unifica las facultades en una sola función.
3. El desarrollo que hace efectiva la energía correspondiente.
4. El desarrollo mediante la práctica repetida [el cultivo].

## Atención Plena con Comprensión Clara

### Sensaciones

*15.* **¿Cómo surgen las sensaciones conocidas (*viditā vedanā uppajjanti*), permanecen presentes (*viditā upaṭṭhahanti*) y se desvanecen (*viditā abbhatthaṁ gacchanti*)?**

Al inhalar y exhalar largo, comprendiendo la unificación de la mente y la ausencia de distracción, se reconocen las sensaciones surgidas, las sensaciones que permanecen y las sensaciones que cesan.

Las percepciones son reconocidas cuando surgen, permanecen y cesan.

Los pensamientos dirigidos [aplicados hacia el objeto] (*vitakkā*) son reconocidos cuando surgen, permanecen y cesan.

**¿Cómo se comprende (*vidito hoti*) el surgimiento de las sensaciones (*vedanāya uppādo*)?**

Se comprende por medio de las causas condicionantes (*paccayasamudayaṭṭhena*): con el surgimiento de la ignorancia (*avijjāsamudayā*), surge la sensación (*vedanāsamudaya*); con el surgimiento del deseo (*taṇhāsamudayā*), surge la sensación; con el surgimiento del *kamma* (*kammasamudayā*), surge la sensación; con el surgimiento del contacto (*phassasamudayā*), surge la sensación.

Se comprende por medio de la percepción de la característica de surgimiento (*nibbattilakkhaṇaṁ passatopi*): aquellos que observan esta característica comprenden el surgimiento de las sensaciones.

De esta manera, el surgimiento de las sensaciones (*vedanāya uppādo*) es comprendido (*vidito hoti*).

**¿Cómo se comprende la presencia de la sensación?**

Al considerar la transitoriedad, se comprende la presencia de la disolución.

Al considerar el sufrimiento, se comprende la presencia del peligro.

Al considerar el *no yo* [la no-identidad], se comprende la presencia del vacío [de un yo].

Así se comprende la presencia de la sensación.

**¿Cómo se comprende el cese de la sensación?**

Con el cese de la ignorancia, cesa la sensación; por la naturaleza del cese de las condiciones, se comprende el cese de la sensación.

Con el cese del deseo, cesa la sensación; con el cese del *kamma*, cesa la sensación; con el cese del contacto, cesa la sensación; por la naturaleza del cese de las condiciones, se comprende el cese de la sensación.

Al observar la característica de la transformación [transitoriedad], se comprende el cese de la sensación.

Así se comprende el cese de la sensación.

Así, las sensaciones conocidas surgen, permanecen y cesan.

## Percepciones

**¿Cómo surgen las percepciones conocidas (*viditā saññā uppajjanti*), permanecen presentes (*viditā upaṭṭhahanti*) y se desvanecen (*viditā abbhatthaṁ gacchanti*)?**

**¿Cómo se comprende (*vidito hoti*) el surgimiento de las percepciones (*saññāya uppādo*)?**

A través de las causas condicionantes (*paccayasamudayaṭṭhena*): con el surgimiento de la ignorancia (*avijjāsamudayā*), surgen las percepciones (*saññāsamudayo*); con el surgimiento del deseo (*taṇhāsamudayā*), surgen las percepciones; con el surgimiento del *kamma* (*kammasamudayā*), surgen las percepciones; con el surgimiento del contacto (*phassasamudayā*), surgen las percepciones.

A través de la percepción de la característica de surgimiento (*nibbattilakkhaṇaṁ passatopi*): aquellos que observan esta característica comprenden el surgimiento de las percepciones.

De esta manera, el surgimiento de las percepciones es comprendido.

**¿Cómo se comprende (*viditaṁ hoti*) la presencia (*upaṭṭhānaṁ*) de las percepciones (*saññāya*)?**

Considerando con atención (*manasikaroto*) lo transitorio (*aniccato*): se comprende la presencia como orientada hacia la disolución (*khayatupaṭṭhānaṁ viditaṁ hoti*).

Considerando con atención el sufrimiento (*dukkhato*): se comprende la presencia como orientada hacia el peligro (*bhayatupaṭṭhānaṁ viditaṁ hoti*).

Considerando con atención el *no yo* (*anattato*): se comprende la presencia como orientada hacia el vacío (*suññatupaṭṭhānaṁ viditaṁ hoti*).

De esta manera es comprendida la presencia de las percepciones.

**¿Cómo se comprende (*vidito hoti*) el cese de las percepciones (*saññāya atthaṅgamo*)?**

Por medio del cese de las causas condicionantes (*paccayanirodhaṭṭhena*): con el cese de la ignorancia (*avijjānirodhā*), cesan las percepciones (*saññānirodho*); con el cese del deseo (*taṇhānirodhā*), cesan las percepciones; con el cese del *kamma* (*kammanirodhā*), cesan las percepciones; con el cese del contacto (*phassanirodhā*), cesan las percepciones.

Por medio de la percepción de la característica de transformación [transitoriedad o cambio] (*vipariṇāmalakkhaṇaṁ passatopi*): aquellos que observan esta característica comprenden el cese de las percepciones.

De esta manera, el cese de las percepciones es comprendido.

Y así, las percepciones conocidas (*viditā saññā*): surgen (*uppajjanti*), permanecen presentes (*upaṭṭhahanti*), y se desvanecen (*abbhatthaṁ gacchanti*).

### Aplicación mental inicial (vitakkā)[10]

**¿Cómo surge la aplicación mental inicial (*viditā vitakkā uppajjanti*), permanece presente (*viditā upaṭṭhahanti*) y se desvanece (*viditā abbhatthaṁ gacchanti*)?**

**¿Cómo se comprende (*vidito hoti*) el surgimiento de la aplicación mental inicial (*vitakkānaṁ uppādo*)?**

La aplicación mental inicial surge por medio de las causas condicionantes (*paccayasamudayaṭṭhena*): con el surgimiento de la ignorancia (*avijjāsamudayā*), surge la aplicación mental inicial (*vitakkasamudayo*); con el surgimiento del deseo (*taṇhāsamudayā*), surge las aplicación mental inicial; con el surgimiento del *kamma* (*kammasamudayā*), surge la aplicación mental inicial; con el surgimiento de las percepciones (*saññāsamudayā*), surge la aplicación mental inicial.

Por medio de la percepción de la característica de surgimiento (*nibbattilakkhaṇaṁ passatopi*), se comprende el surgimiento de la aplicación mental inicial: aquellos que observan esta característica comprenden el surgimiento de la aplicación mental inicial.

De esta manera es comprendido el surgimiento de la aplicación mental inicial.

**¿Cómo se comprende (*viditaṁ hoti*) la presencia (*upaṭṭhānaṁ*) de la aplicación mental inicial (*vitakkānaṁ*)?**

Observando con atención (*manasikaroto*) lo transitorio (*aniccato*) se comprende la presencia como dirigida hacia la disolución (*khayatupaṭṭhānaṁ viditaṁ hoti*).

Observando con atención el sufrimiento (*dukkhato*) se comprende la presencia como dirigida hacia el peligro (*bhayatupaṭṭhānaṁ viditaṁ hoti*).

Observando con atención el *no yo* (*anattato*) se comprende la presencia como dirigida hacia el vacío (*suññatupaṭṭhānaṁ viditaṁ hoti*).

De esta manera es comprendida la presencia de la aplicación mental inicial.

**¿Cómo se comprende (*vidito hoti*) el cese de la aplicación mental inicial (*vitakkānaṁ atthaṅgamo*)?**

Por medio del cese de las causas condicionantes (*paccayanirodhaṭṭhena*): con el cese de la ignorancia (*avijjānirodhā*), cesa la aplicación mental inicial (*vitakkanirodho*); con el cese del deseo (*taṇhānirodhā*), cesa la aplicación mental inicial; con el cese del *kamma* (*kammanirodhā*), cesan los pensamientos aplicados; con el cese de las percepciones (*saññānirodhā*), cesan los pensamientos aplicados.

Por medio de la percepción de la característica de transformación [o transitoriedad] (*vipariṇāmalakkhaṇaṁ passatopi*) se comprende el cese de la aplicación mental inicial: aquellos que observan esta característica comprenden el cese de la aplicación mental inicial.

De esta manera, el cese de la aplicación mental inicial es comprendido.

Y así, la aplicación mental inicial conocida (*viditā vitakkā*) surge (*uppajjanti*), permanece presente (*upaṭṭhahanti*) y cesa (*abbhatthaṁ gacchanti*).

## Facultades, poderes espirituales, Factores de la iluminación, etc.

### Armonía de las facultades

*16.* A través de una larga inhalación y exhalación (*dīghaṁ assāsapassāsavasena*), comprendiendo (*pajānanto*) la unificación de la mente (*cittassa ekaggataṁ*) y la no distracción (*avikkhepaṁ*) se logra lo siguiente:

1. Armonizar las facultades (*indriyāni samodhāneti*).
2. Reconocer su campo de práctica (*gocarañca pajānāti*).

3. Realizar directamente lo que debe ser entendido (*samatthañca paṭivijjhati*).
4. Armonizar el camino (*maggaṁ samodhāneti*).
5. Armonizar los fenómenos (*dhamme samodhāneti*).
6. Reconocer su campo de práctica y realizar directamente lo que debe ser entendido.

**¿Cómo se armonizan las facultades (*indriyāni samodhāneti*)?**

Se armoniza la facultad de la fe (*saddhindriya*): en el sentido de resolución (*adhimokkhaṭṭhena*).

Se armoniza la facultad de la energía (*vīriyindriya*): en el sentido de esfuerzo (*paggahaṭṭhena*).

Se armoniza la facultad de la atención plena (*satindriya*): en el sentido de presencia (*upaṭṭhānaṭṭhena*).

Se armoniza la facultad de la concentración (*samādhindriya*): en el sentido de no distracción (*avikkhepaṭṭhena*).

Se armoniza la facultad de la sabiduría (*paññindriya*): en el sentido de visión clara (*dassanaṭṭhena*).

El practicante (*ayaṁ puggalo*) armoniza estas facultades (*imāni indriyāni*) en relación con este objeto (*imasmiṁ ārammaṇe*).

Por ello se dice: "Armoniza las facultades (*indriyāni samodhānetī*)".

*17.* **¿Cómo integra las facultades (*indriyāni samodhānetī*)?**

El bhikkhu integra la facultad de la fe en el sentido de resolución, la facultad de la energía en el sentido del esfuerzo, la facultad de la atención plena en el sentido del establecimiento, la facultad de la concentración en el sentido de la no distracción y la facultad de la sabiduría en el sentido de la visión.

Este bhikkhu integra estas facultades en este objeto.

Por eso se dice: "integra las facultades".

*18.* **¿Cómo comprende el dominio (*gocarañca pajānātī*)?**

Lo que es su objeto, eso es su dominio. Lo que es su dominio, eso es su objeto.

***Pajānātī*** se refiere a la comprensión por parte del bhikkhu.

***Pajānanā*** es la sabiduría.

***Saman***: El establecimiento del objeto es equilibrado, la no distracción de la mente es equilibrada, el establecimiento de la mente es equilibrado, la purificación de la mente es equilibrada.

***Attho***: Significa en el sentido de "sin falta", en el sentido de "sin impurezas", en el sentido de purificación, en el sentido supremo.

**¿Cómo comprende el establecimiento del objeto (*paṭivijjhatī*)?**

El bhikkhu comprende el establecimiento del objeto, la no distracción de la mente, el establecimiento de la mente, y la purificación de la mente.

Por eso se dice: "comprende el dominio".

### Los poderes espirituales

*19-20.* **¿Cómo integra los poderes? (*balāni samodhānetī*)**

El bhikkhu integra el poder de la fe en el sentido de ser inquebrantable ante la falta de fe, integra el poder de la energía en el sentido de ser inquebrantable ante la pereza, integra el poder de la atención plena en el sentido de ser inquebrantable ante la negligencia, integra el poder de la concentración en el sentido de ser inquebrantable ante la distracción, integra el poder de la sabiduría en el sentido de ser inquebrantable ante la ignorancia.

Este individuo integra estos poderes en este objeto. Por eso se dice: "integra los poderes".

Comprende el dominio... por eso se dice: "comprende el dominio".

### Factores de la iluminación

*21-22.* **¿Cómo integra los factores de la iluminación (*bojjhaṅge samodhānetī*)?**

El bhikkhu integra el factor de la iluminación de la atención plena en el sentido del establecimiento, integra el factor de la iluminación de la investigación de los *dhammas* en el sentido de la discriminación, integra el factor de la iluminación de la energía en el sentido del esfuerzo, integra el factor de la iluminación del gozo en el sentido de la penetración, integra el factor de la iluminación de la tranquilidad en el sentido de la calma, integra el factor de la iluminación de la concentración en el sentido de la no distracción, e integra el factor de la iluminación de la ecuanimidad en el sentido de la contemplación.

Este individuo integra estos factores de la iluminación en este objeto. Por eso se dice: "integra los factores de la iluminación".

Comprende el dominio... por eso se dice: "comprende el dominio".

### La vía de liberación

*23-24.* **¿Cómo integra la vía [el camino, el sendero] (*maggaṁ samodhānetī*)?**

El bhikkhu integra la comprensión correcta (*sammādiṭṭhi*) en el sentido de la visión (*dassanaṭṭhena*), integra la intención correcta en el sentido de la resolución, integra el lenguaje correcto en el sentido de posesión [del mismo], integra la acción correcta en el sentido del esfuerzo, integra el modo de sustento correcto en el sentido de la pureza, integra el esfuerzo correcto en el sentido del empeño, integra la atención correcta en el sentido del establecimiento, e integra la concentración correcta en el sentido de la no distracción.

Este individuo integra esta vía en este objeto. Por eso se dice: "integra la vía".

Comprende el dominio... por eso se dice: "comprende el dominio".

## Los dhammas o fenómenos de la experiencia

### *25.* ¿Cómo integra los *dhammas* (*dhamme samodhāneti*)?

El bhikkhu integra las facultades en el sentido del dominio, los poderes en el sentido de ser inquebrantables, integra los factores de la iluminación en el sentido del avance, integra la vía en el sentido de la causa, integra los fundamentos de la atención en el sentido del establecimiento, integra los esfuerzos correctos en el sentido de la perseverancia, integra las bases del poder en el sentido del logro, integra la verdad en el sentido de lo correcto, integra la calma en el sentido de la no distracción, integra el conocimiento introspectivo (*vipassanā*) en el sentido de la observación, integra la calma y el conocimiento introspectivo (*samathavipassanā*) en el sentido de la unidad, integra la combinación (*yuganaddha*) en el sentido de la integración, integra la pureza moral en el sentido de la contención, integra la pureza mental en el sentido de la no distracción, integra la pureza de la visión (*dassanaṭṭhena*) en el sentido de la purificación de la comprensión (*diṭṭhivisuddhi*), integra la liberación en el sentido del desapego, integra el conocimiento en el sentido de la comprensión, integra la liberación en el sentido del abandono, integra el conocimiento de la destrucción [de las corrupciones] en el sentido de la erradicación, integra el conocimiento del no surgimiento en el sentido de la no producción, integra el deseo [aspiración] en el sentido de la raíz, integra la atención en el sentido de la formación, integra el contacto en el sentido de la integración, integra la sensación en el sentido de la convergencia, integra la concentración en el sentido de la preeminencia, integra la atención en el sentido del ámbito o dominio [el objeto de meditación], integra la sabiduría en el sentido de la trascendencia, integra la liberación en el sentido de la esencia, e integra el Nibbāna en el sentido del fin definitivo [del sufrimiento].

Este individuo integra estos *dhammas* en este objeto. Por eso se dice: "integra los *dhammas*".

*26.* **¿ Cómo comprende el dominio (*gocarañca pajānātī*)?**

Lo que es su objeto, eso es su dominio. Lo que es su dominio, eso es su objeto.

***Pajānātī***: Se refiere a la comprensión por parte del individuo.

***Pajānanā***: Es la sabiduría.

***Saman***: El establecimiento del objeto es equilibrado, la no distracción de la mente es equilibrada, el establecimiento de la mente es equilibrado, la purificación de la mente es equilibrada.

***Attho***: Significa en el sentido de sin falta, en el sentido de sin impurezas, en el sentido de purificación, en el sentido supremo.

***Paṭivijjhatī***: Comprende el establecimiento del objeto, la no distracción de la mente, el establecimiento de la mente, y la purificación de la mente.

Por eso se dice: "comprende el dominio".

## Contemplación del cuerpo en el cuerpo como fundamento de la atención

### Primera tétrada

### 1. Inhalaciones y exhalaciones cortas

### Nueve conocimientos sobre el efecto de las inhalaciones y exhalaciones cortas en el cuerpo

*27.* **¿Cómo al inhalar corto comprende "inhalo corto"; al exhalar corto comprende "exhalo corto"?**

El meditador inhala una inhalación corta, considerada como breve; exhala una exhalación corta, considerada como breve; tanto al inhalar como al exhalar una inhalación y exhalación cortas, [estas son] consideradas como breves.

1. Al inhalar y exhalar una inhalación y exhalación cortas, consideradas como temporales, surge la aspiración (*chanda*);
2. debido a la aspiración, inhala una inhalación corta, considerada como temporal, de manera más sutil;
3. debido a la aspiración, exhala una exhalación corta, considerada como temporal, de manera más sutil;

4. debido a la aspiración, inhala y exhala corto, consideradas como temporales, de manera más sutil;
5. debido a la aspiración, al inhalar y exhalar una inhalación y exhalación cortas, consideradas como temporales, de manera más sutil, surge el gozo;
6. debido al gozo, inhala una inhalación corta, considerada como temporal, de manera aún más sutil;
7. debido al gozo, exhala una exhalación corta, considerada como temporal, de manera aún más sutil;
8. debido al gozo, tanto inhala como exhala una inhalación y una exhalación cortas, consideradas como breves, de manera aún más sutil;
9. debido al gozo, al inhalar y exhalar una inhalación y exhalación cortas, consideradas como breves, de manera aún más sutil, la mente se torna nuevamente [a ello] (*cittaṁ vivattati*) y se establece en la ecuanimidad (*upekkhā*).

De estas nueve maneras, las inhalaciones y exhalaciones cortas afectan al cuerpo.

*28-41.* **2. Inhalaciones y exhalaciones largas [ídem para inhalaciones y exhalaciones largas con nueve conocimientos].**

*La atención plena se establece.*
*La contemplación es el conocimiento.*
*El cuerpo es la base de la atención, no la atención plena;*
*la atención plena es tanto la base de la atención como de la atención plena.*
*Con esa atención plena y ese conocimiento, contempla ese cuerpo.*

Por lo tanto, se dice: "Desarrollando la contemplación del cuerpo en el cuerpo como fundamento de la atención".

**¿Cómo contempla ese cuerpo (*anupassatī*)?** ... Así es como contempla ese cuerpo [de la respiración].

***Bhāvanā***: Significa cuatro desarrollos ... en el sentido de la práctica repetida (*ver sección 14*).

Al inhalar y exhalar corto, comprendiendo la unificación de la mente y la ausencia de distracción, surgen sensaciones conocidas.

Al inhalar y exhalar corto, comprendiendo la unificación de la mente y la ausencia de distracción, integra las facultades.

Por eso se dice: "logra y comprende (*samatthañca paṭivijjhatī" ti*).

### 3. Experimentando todo el cuerpo

42. **¿Cómo se entrena experimentando todo el cuerpo (*sabbakāya-paṭisaṁvedī*) al inhalar y al exhalar?**

***Kāyo*** (cuerpo): Hay dos tipos de cuerpo: el cuerpo mental (*nāmakāya*) y el cuerpo físico (*rūpakāya*).

**¿Cuál es el cuerpo mental?**

Las sensaciones, percepciones, voliciones, contactos, atención, y lo que se denomina formaciones mentales —este es el cuerpo mental.

**¿Cuál es el cuerpo físico?**

Los cuatro grandes elementos, y las formas derivadas de los cuatro grandes elementos, la inhalación, la exhalación, y las formas corporales derivadas, lo que se denomina formaciones corporales —este es el cuerpo físico.

**¿Cómo se comprenden estos cuerpos?**

Cuando se comprende la inhalación larga con la unificación de la mente (*ekaggata*) y la ausencia de distracción (*avikkhepa*), la atención plena se establece. Con esa atención plena y ese conocimiento, los cuerpos son comprendidos.

Cuando se comprende la exhalación larga con la unificación de la mente y la ausencia de distracción, la atención plena se establece. Con esa atención plena y ese conocimiento, los cuerpos son comprendidos.

Cuando se comprende la inhalación corta con la unificación de la mente y la ausencia de distracción, la atención plena se establece. Con esa atención plena y ese conocimiento, los cuerpos son comprendidos.

Cuando se comprende la exhalación corta con la unificación de la mente y la ausencia de distracción, la atención plena se establece. Con esa atención plena y ese conocimiento, los cuerpos son comprendidos.

43. ***Modos de comprensión y contemplación del cuerpo***

Reflexionando (*āvajjato*), los cuerpos se comprenden (*kāyā paṭividitā honti*); comprendiendo (*pajānato*), los cuerpos se comprenden; viendo (*passato*), los cuerpos se comprenden; revisando (*paccavekkhato*), los cuerpos se comprenden; estableciendo la mente (*cittaṁ adhiṭṭhahato*), los cuerpos se comprenden; resolviendo con fe (*saddhāya adhimuccato*), los cuerpos se comprenden; aplicando esfuerzo (*vīriyaṁ paggaṇhato*), los cuerpos se comprenden; estableciendo la atención plena (*satiṁ upaṭṭhāpayato*), los cuerpos se comprenden; unificando la mente (*cittaṁ samādahato*), los cuerpos se comprenden; comprendiendo con sabiduría (*paññāya pajānato*), los cuerpos se comprenden; conociendo lo que debe ser conocido (*abhiññeyyaṁ abhijānato*), los cuerpos se comprenden; comprendiendo completamente lo que debe ser comprendido (*pariññeyyaṁ parijānato*), los cuerpos se comprenden; abandonando lo que debe ser abandonado (*pahātabbaṁ pajahato*), los cuerpos se comprenden; desarrollando lo que debe ser desarrollado (*bhāvetabbaṁ bhāvayato*), los cuerpos se comprenden; realizando lo que debe ser realizado (*sacchikātabbaṁ sacchikaroto*), los cuerpos se comprenden.

Así (*evaṁ*), los cuerpos se comprenden (*te kāyā paṭividitā honti*).

*44.* Para el meditador, consciente de todo el cuerpo mientras inhala y exhala (*sabbakāyapaṭisaṁvedī assāsapassāsā*), el cuerpo es objeto de atención (*kāyo upaṭṭhānaṁ*), contemplación (*anupassanā*) y conocimiento (*ñāṇaṁ*). El cuerpo es objeto de atención, no es la atención plena misma. La atención plena (*sati*) es tanto el objeto de atención como la atención misma (*upaṭṭhānañceva sati ca*). Con esa atención plena y ese conocimiento (*tena ñāṇena*), contempla (*anupassati*) ese cuerpo (*taṁ kāyaṁ*). Por ello se dice: "Se da el desarrollo [cultivo] de la atención plena con la contemplación del cuerpo en el cuerpo" (*kāye kāyānupassanā satipaṭṭhāna bhāvanā*).

*45.* **¿Cómo contempla (*anupassati*) ese cuerpo?** ... Así es como contempla ese cuerpo.

***Bhāvanā***: Significa cuatro desarrollos ... en el sentido de la práctica repetida (*ver sección 14*).

1. La experiencia de todo el cuerpo (*sabbakāyapaṭisaṁvedī*) en relación con la inhalación y exhalación (*assāsapassāsāna*);
2. la pureza de la moralidad (*sīlavisuddhi*) se establece en el sentido de auto restricción (*saṁvaraṭṭhena*);
3. la pureza de la mente (*cittavisuddhi*) se establece en el sentido del establecimiento de la ausencia de distracción (*avikkhepaṭṭhena*); y
4. la pureza de la noción [correcta] (*diṭṭhivisuddhi*) se establece en el sentido del discernimiento (*dassanaṭṭhena*).

## El triple entrenamiento

*46.* 1. Lo que allí es el sentido de restricción (*saṁvaraṭṭho*), esto es el entrenamiento en la moral superior (*adhisīlasikkhā*).

2. Lo que allí es el sentido de ausencia de distracción (*avikkhepaṭṭho*), esto es el entrenamiento en la mente superior (*adhicittasikkhā*).
3. Lo que allí es el sentido del discernimiento (*dassanaṭṭho*), esto es el entrenamiento en la sabiduría superior (*adhipaññāsikkhā*).

Contemplando estas tres formaciones (*tisso sikkhāyo*), se entrena (*sikkhati*); sabiendo (*jānanto*), se entrena; viendo (*passanto*), se entrena; revisando (*paccavekkhanto*), se entrena; estableciendo la mente (*cittaṁ adhiṭṭhahanto*), se entrena; resolviendo con fe (*saddhāya adhimuccanto*), se entrena; aplicando esfuerzo (*vīriyaṁ paggaṇhanto*), se entrena; estableciendo la atención plena (*satiṁ upaṭṭhapento*), se entrena; unificando la mente (*cittaṁ samādahanto*), se entrena; comprendiendo con sabiduría (*paññāya pajānanto*), se entrena; conociendo lo que debe ser conocido (*abhiññeyyaṁ abhijānanto*), se entrena; comprendiendo completamente lo que debe ser comprendido (*pariññeyyaṁ parijānanto*), se entrena; abandonando lo que debe ser abandonado (*pahātabbaṁ pajahanto*), se entrena; desarrollando lo que debe ser desarrollado (*bhāvetabbaṁ bhāvento*), se entrena; realizando lo que debe ser realizado (*sacchikātabbaṁ sacchikaronto*), se entrena.

*47.* Experimentando todo el cuerpo (*sabbakāyapaṭisaṁvedī*) a través de la inhalación y exhalación (*assāsapassāsavasena*), comprendiendo (*pajānato*) la unificación de la mente (*cittassa ekaggataṁ*) y la ausencia de distracción (*avikkhepaṁ*), surgen sensaciones conocidas (*viditā vedanā uppajjanti*).

(*... Como en 15 —sección: Atención plena con comprensión clara.*)

*47-58.* Experimentando todo el cuerpo a través de la inhalación y exhalación, comprendiendo la unificación de la mente y la ausencia de distracción, armoniza las facultades sensoriales (*indriyāni samodhāneti*).

(*... Como en 16-26 —sección: Atención plena con comprensión clara–*)
Por ello se dice (*tena vuccati*): "Comprende claramente y de manera apropiada" (*samatthañca paṭivijjhati*).

## 4. Calmando las formaciones corporales

*59.* **¿Cómo se entrena (*sikkhati*) pensando: "Calmaré las formaciones corporales (*passambhayaṁ kāyasaṅkhāraṁ assasissāmī*)" mientras inhalo, y "Calmaré las formaciones corporales (*passambhayaṁ kāyasaṅkhāraṁ passasissāmī*)" mientras exhalo?**

### ¿Qué son las formaciones corporales (*kāyasaṅkhārā*)?

Las inhalaciones largas (*dīghaṁ assāsā*) son corporales (*kāyikā*). Estos fenómenos (*dhammā*) están ligados al cuerpo (*kāyapaṭibaddhā*) y son formaciones corporales (*kāyasaṅkhārā*). El calmar (*passambhento*), cesar (*nirodhento*), y pacificar (*vūpasamento*) estas formaciones corporales, es parte del entrenamiento (*sikkhati*).

Las exhalaciones largas (*dīghaṁ passāsā*) también son corporales. Estos fenómenos están ligados al cuerpo y son formaciones corporales. Calmar, cesar, y pacificar estas formaciones corporales es parte del entrenamiento.

Las inhalaciones cortas (*rassaṁ assāsā*) y las exhalaciones cortas (*rassaṁ passāsā*) también están incluidas en las formaciones corporales. El meditador es consciente del cuerpo completo mientras inhala (*sabbakāyapaṭisaṁvedī assāsā*) y exhala (*sabbakāyapaṭisaṁvedī passāsā*). Estos fenómenos (*dhammā*) están ligados al cuerpo (*kāyapaṭibaddhā*) y son formaciones corporales (*kāyasaṅkhārā*). El calmar (*passambhento*), cesar (*nirodhento*) y pacificar (*vūpasamento*) estas formaciones corporales, es parte del entrenamiento (*sikkhati*).

Al experimentar todo el cuerpo con inhalaciones y exhalaciones cortas, estos fenómenos están asociados con el cuerpo y son formaciones corporales. Uno se entrena calmando, haciendo cesar, y apaciguando estas formaciones corporales.

Con las formaciones corporales (*kāyasaṅkhārehi*) que producen la flexión (*ānamanā*), extensión (*vinamanā*), contracción (*sannamanā*), expansión (*paṇamanā*), agitación (*iñjanā*), vibración (*phandanā*), movimiento (*calanā*), o temblor (*pakampanā*) del cuerpo (*kāyassa*), se entrena (*sikkhati*) así: "Calmaré las formaciones corporales (*passambhayaṁ kāyasaṅkhāraṁ assasissāmī*)" mientras inhalo, y "Calmaré las formaciones corporales (*passambhayaṁ kāyasaṅkhāraṁ passasissāmī*)" mientras exhalo.

Con las formaciones corporales (*kāyasaṅkhārehi*) que no producen flexión (*na ānamanā*), ni extensión (*na vinamanā*), ni contracción (*na sannamanā*), ni expansión (*na paṇamanā*), ni agitación (*aniñjanā*), ni vibración (*aphandanā*), ni movimiento (*acalanā*), ni temblor (*akampanā*), siendo tranquilas (*santaṁ*) y sutiles (*sukhumaṁ*), se entrena (*sikkhati*) así: "Calmaré las formaciones corporales (*passambhayaṁ kāyasaṅkhāraṁ assasissāmī*)" mientras inhalo, y "Calmaré las formaciones corporales (*passambhayaṁ kāyasaṅkhāraṁ passasissāmī*)" mientras exhalo.

Así, ciertamente (*iti kira*) el meditador se entrena: "Calmaré las formaciones corporales" mientras inhalo, y "Calmaré las formaciones corporales" mientras exhalo.

## El símil del gong

*60.* [Es posible pensar que] de este modo (*evaṁ sante*), no hay desarrollo (*pabhāvanā na hoti*) de la percepción del aire (*vātūpaladdhiyā*), no hay desarrollo (*pabhāvanā na hoti*) de la inhalación y exhalación (*assāsapassāsānaṁ*), no hay desarrollo (*pabhāvanā na hoti*) de la atención plena en la respiración (*ānāpānassatiyā*), y no hay desarrollo (*pabhāvanā na hoti*) de la concentración en la atención plena en la respiración (*ānāpānassatisamādhissa*). Tampoco (*na ca naṁ*) los sabios (*paṇḍitā*) logran ingresar (*samāpajjanti*) ni emerger (*vuṭṭhahanti*) de ese logro de absorción (*taṁ samāpattiṁ*).

[Sin embargo] ciertamente (*iti kira*), el bhikkhu se entrena (*sikkhati*) así: "Calmaré las formaciones corporales (*passambhayaṁ kāyasaṅkhāraṁ assasissāmī*)" mientras inhalo, y "Calmaré las formaciones corporales (*passambhayaṁ kāyasaṅkhāraṁ passasissāmī*)" mientras exhalo.

De esta manera, hay desarrollo (*pabhāvanā hoti*) de la percepción del aire (*vātūpaladdhiyā*), hay desarrollo (*pabhāvanā hoti*) de la inhalación y exhalación, hay desarrollo (*pabhāvanā hoti*) de la atención plena en la respiración, y hay desarrollo (*pabhāvanā hoti*) de la concentración con la atención plena en la respiración (*ānāpānassatisamādhissa*). Y los sabios logran ingresar y emerger de ese logro de absorción.

**¿De qué manera [se da el desarrollo y el logro]?**

Por ejemplo (*seyyathāpi*), cuando se golpea un gong (*kaṁse ākoṭite*), primero se producen sonidos burdos (*paṭhamaṁ oḷārikā saddā pavattanti*). Debido a que el signo de los sonidos burdos (*oḷārikānaṁ saddānaṁ nimittaṁ*) ha sido bien captado (*suggahitattā*), bien atendido (*sumanasikatattā*) y bien sostenido (*sūpadhāritattā*), incluso cuando los sonidos burdos cesan (*niruddhepi oḷārike sadde*), luego se producen sonidos sutiles (*atha pacchā sukhumakā saddā pavattanti*). Debido a que el signo de los sonidos sutiles (*sukhumakānaṁ saddānaṁ nimittaṁ*) ha sido bien captado, bien atendido, y bien sostenido, incluso cuando los sonidos sutiles cesan (*niruddhepi sukhumake sadde*), la mente continúa enfocándose en el objeto del signo de los sonidos sutiles (*atha pacchā sukhumasaddanimittārammaṇatāpi cittaṁ pavattati*).

De la misma manera (*evamevaṁ*), primero se producen inhalaciones y exhalaciones burdas (*paṭhamaṁ oḷārikā assāsapassāsā pavattanti*). Debido a que el signo de las inhalaciones y exhalaciones burdas (*oḷārikānaṁ assāsapassāsānaṁ nimittaṁ*) ha sido bien captado (*suggahitattā*), bien atendido (*sumanasikatattā*) y bien sostenido (*sūpadhāritattā*), incluso cuando las inhalaciones y exhalaciones burdas cesan (*niruddhepi oḷārike assāsapassāse*), luego se producen inhalaciones y exhalaciones sutiles (*atha pacchā sukhumakā assāsapassāsā pavattanti*). Debido a que el signo de las inhalaciones y exhalaciones sutiles (*sukhumakānaṁ assāsapassāsānaṁ nimittaṁ*) ha sido bien captado, bien atendido, y bien sostenido, incluso cuando las inhalaciones y exhalaciones sutiles cesan (*niruddhepi sukhumake assāsapassāse*), la mente no se distrae (*na vikkhepaṁ gacchati*) y permanece enfocada en el objeto del signo de las inhalaciones y exhalaciones sutiles (*atha pacchā sukhumakaassāsapassāsānaṁ nimittārammaṇatāpi cittaṁ*).

De esta manera, hay desarrollo de la percepción del aire, hay desarrollo de la inhalación y exhalación, hay desarrollo de la atención plena en la respiración, y hay desarrollo de la concentración con la atención plena en la respiración. Y los sabios logran ingresar y emerger de ese logro de absorción.

## El primer fundamento de la atención

*61.* Inhalando y exhalando (*assāsapassāsā*) uno calma las formaciones corporales (*passambhayaṁ kāyasaṅkhāraṁ*); el cuerpo (*kāyo*) es el objeto de atención (*upaṭṭhānaṁ*), contemplación (*anupassanā*) y conocimiento (*ñāṇaṁ*). El cuerpo es el objeto de atención, no la atención plena misma (*no sati*); la atención plena (*sati*) es tanto el objeto de atención como la atención plena misma (*sati ca*). Con esa atención plena (*tāya satiyā*) y ese conocimiento (*tena ñāṇena*), contempla (*anupassati*) ese cuerpo (*taṁ kāyaṁ*). Por ello se dice (*tena vuccati*): "Se da el desarrollo de la atención plena con la contemplación del cuerpo en el cuerpo" (*kāye kāyānupassanā satipaṭṭhāna bhāvanā*).

*62.* **¿Cómo contempla (*anupassatī ti kathaṁ*) ese cuerpo (*taṁ kāyaṁ*)?** (... *Como en 14*) Así contempla ese cuerpo (*evaṁ taṁ kāyaṁ anupassati*).

***Bhāvanā*** significa las cuatro clases de desarrollo (*catasso bhāvanā*) ... el desarrollo en el sentido de cultivo continuo (*āsevanaṭṭhena bhāvanā*) (*ver sección 14*).

## El triple entrenamiento II

*63.* El meditador contempla calmando las formaciones corporales (*passambhayaṁ kāyasaṅkhāraṁ*) de las inhalaciones y exhalaciones (*assāsapassāsānaṁ*) de la siguiente manera: en el sentido de auto restricción (*saṁvaraṭṭhena*), se establece la pureza de la moralidad (*sīlavisuddhi*); en el sentido de la ausencia de distracción (*avikkhepaṭṭhena*), se establece la pureza de la mente (*cittavisuddhi*); en el sentido del discernimiento (*dassanaṭṭhena*), se establece la pureza de la noción [correcta] (*diṭṭhivisuddhi*).

Lo que allí es el sentido de restricción (*yo tattha saṁvaraṭṭho*), eso es el entrenamiento superior en la moralidad (*ayaṁ adhisīlasikkhā*); lo que allí es el sentido de ausencia de distracción (*yo tattha avikkhepaṭṭho*), eso es el entrenamiento superior en la mente (*ayaṁ adhicittasikkhā*); lo que allí es el sentido del discernimiento (*yo tattha dassanaṭṭho*), eso es el entrenamiento superior en la sabiduría (*ayaṁ adhipaññāsikkhā*).

Contemplando estas tres formaciones (*imā tisso sikkhāyo āvajjanto*), se entrena (*sikkhati*) realizando lo que debe ser realizado (*sacchikātabbaṁ sacchikaronto sikkhati*) (*como en 46-58*).

*64-75.* ***Comprensión clara***

Calmando las formaciones corporales (*passambhayaṁ kāya-saṅkhāraṁ*), a través de la inhalación y exhalación (*assāsapassāsavasena*), comprendiendo la unificación de la mente (*cittassa ekaggataṁ*) y la ausencia de distracción (*avikkhepaṁ*), surgen sensaciones conocidas (*viditā vedanā uppajjanti*) (*...como en 15*) al calmar las formaciones corporales a través de la inhalación y exhalación (*passambhayaṁ kāyasaṅkhāraṁ assāsapassāsavasena*), comprendiendo la unificación de la mente y la ausencia de distracción, se armonizan las facultades sensoriales (*indriyāni samodhāneti*) (*...como en 16-26*) Por ello se dice (*tena vuccati*): "Comprende claramente y de manera apropiada" (*samatthañca paṭivijjhati*).

## Conclusión de la primera tétrada

Las ocho contemplaciones basadas en el conocimiento (*aṭṭha anupassanāñāṇāni*), las ocho reflexiones basadas en la atención plena (*aṭṭha ca upaṭṭhānānussatiyo*), y las cuatro bases doctrinales de los *suttas* (*cattāri suttantikavatthūni*) forman parte de la contemplación del cuerpo en el cuerpo (*kāye kāyānupassanāya*).[11]

*Fin de la sección (bhāṇavāro).*

### 1.3.5.2. Dutiyacatukkaniddesa (La exposición de la segunda tétrada)

2. SEGUNDA TÉTRADA

*76.* **¿Cómo se entrena (*sikkhati*): "Experimentando gozo (*pītipaṭisaṁvedī*) inhalaré" (*assasissāmī*), y "Experimentando gozo exhalaré" (*pītipaṭisaṁvedī passasissāmī*)?**

**¿Qué es el gozo (*katamā pīti*)?**

A través de la inhalación larga (*dīghaṁ assāsavasena*), comprendiendo la unificación de la mente (*cittassa ekaggataṁ*) y la ausencia de distracción (*avikkhepaṁ pajānato*), surge el gozo y la alegría (*uppajjati pīti pāmojjaṁ*). Este gozo (*yā pīti pāmojjaṁ*) incluye regocijo (*āmodanā*), deleite (*pamodanā*), júbilo ligero (*hāso*), júbilo pleno (*pahāso*), placer (*vitti*), exultación (*odagyaṁ*), y satisfacción (*attamanatā*) de la mente.

De manera similar, a través de la exhalación larga (*dīghaṁ passāsavasena*), comprendiendo la unificación de la mente y la ausencia de distracción, surge el gozo y la alegría. Esto también se aplica a la inhalación corta (*rassaṁ assāsavasena*), a la exhalación corta (*rassaṁ passāsavasena*), a la inhalación consciente del cuerpo completo (*sabbakāyapaṭisaṁvedī assāsavasena*), a la exhalación consciente del cuerpo completo (*sabbakāyapaṭisaṁvedī passāsavasena*), a la inhalación al calmar las formaciones corporales (*passambhayaṁ kāyasaṅkhāraṁ assāsavasena*), y a la exhalación al calmar las formaciones corporales (*passambhayaṁ kāyasaṅkhāraṁ passāsavasena*),[12] comprendiendo la unificación de la mente y la ausencia de distracción, surge el gozo y la alegría.

Ese gozo incluye: regocijo, deleite, júbilo ligero, júbilo pleno, placer, exultación y satisfacción de la mente —eso es el gozo.

*77.* **¿Cómo se comprende el gozo (*kathaṁ sā pīti paṭividitā hoti*)?**

A través de la inhalación y exhalación largas (*dīghaṁ assāsapassāsavasena*), comprendiendo la unificación de la mente (*cittassa ekaggataṁ*) y la ausencia de distracción (*avikkhepaṁ pajānato*), se establece la atención plena (*sati upaṭṭhitā hoti*). Con esa atención plena (*tāya satiyā*) y ese conocimiento (*tena ñāṇena*), el gozo se comprende (*sā pīti paṭividitā hoti*).

De manera similar, a través de la exhalación larga (*dīghaṁ passāsavasena*), comprendiendo la unificación de la mente y la ausencia de distracción, se establece la atención plena. Con esa atención plena y ese conocimiento, el gozo se comprende.

Esto también aplica a:
La inhalación corta (*rassaṁ assāsavasena*).
La exhalación corta (*rassaṁ passāsavasena*).
La inhalación consciente del cuerpo completo (*sabbakāyapaṭisaṁvedī assāsavasena*).
La exhalación consciente del cuerpo completo (*sabbakāyapaṭisaṁvedī passāsavasena*).
La inhalación calmando las formaciones corporales (*passambhayaṁ kāyasaṅkhāraṁ assāsavasena*).
La exhalación calmando las formaciones corporales (*passambhayaṁ kāyasaṅkhāraṁ passāsavasena*).
A través de cada uno de estos, comprendiendo la unificación de la mente y la ausencia de distracción, se establece la atención plena. Con esa atención plena y ese conocimiento, el gozo se comprende.

Además, el gozo se comprende (*sā pīti paṭividitā hoti*) como sigue:
Reflexionando (*āvajjato*).
Sabiendo (*jānato*).
Viendo (*passato*).
Revisando (*paccavekkhato*).
Estableciendo la mente (*cittaṁ adhiṭṭhahato*).
Resolviendo con fe (*saddhāya adhimuccato*).
Aplicando esfuerzo (*vīriyaṁ paggaṇhato*).
Estableciendo la atención plena (*satiṁ upaṭṭhāpayato*).
Unificando la mente (*cittaṁ samādahato*).
Comprendiendo con sabiduría (*paññāya pajānato*).
Conociendo lo que debe ser conocido (*abhiññeyyaṁ abhijānato*).
Comprendiendo completamente lo que debe ser comprendido (*pariññeyyaṁ parijānato*).
Abandonando lo que debe ser abandonado (*pahātabbaṁ pajahato*).
Desarrollando lo que debe ser desarrollado (*bhāvetabbaṁ bhāvayato*).
Realizando lo que debe ser realizado (*sacchikātabbaṁ sacchikaroto*).
Así es como se comprende el gozo (*evaṁ sā pīti paṭividitā hoti*).

### Sensaciones

*78.* Experimentando gozo (*pītipaṭisaṁvedī*) a través de la inhalación y exhalación (*assāsapassāsavasena*), las sensaciones (*vedanā*) se convierten en el objeto de atención (*upaṭṭhānaṁ*), contemplación (*anupassanā*) y conocimiento (*ñāṇaṁ*).

Las sensaciones son el objeto de atención, no la atención plena misma (*no sati*); la atención plena (*sati*) es tanto el objeto de atención como la atención plena misma (*upaṭṭhānañceva sati ca*).

Con esa atención plena (*tāya satiyā*) y ese conocimiento (*tena ñāṇena*), el meditador contempla (*anupassati*) esa sensación (*taṁ vedanaṁ*). Por ello se dice: "Se da el desarrollo del fundamento de la atención plena con la contemplación de las sensaciones en las sensaciones" (*vedanāsu vedanānupassanā satipaṭṭhāna bhāvanā*).

*79.* **¿Cómo contempla (*anupassatī ti kathaṁ*) esa sensación (*taṁ vedanaṁ*)?**

El meditador la contempla como transitoria (*aniccato anupassati*) ... (*como en 14*) ... Así contempla esa sensación (*evaṁ taṁ vedanaṁ anupassati*).

***Bhāvanā*** significa las cuatro clases de desarrollo (*catasso bhāvanā*) ... el desarrollo en el sentido de cultivo continuo (*āsevanaṭṭhena bhāvanā*) (*ver sección 14*).

*80.* Experimentando gozo (*pītipaṭisaṁvedī*) en la inhalación y exhalación (*assāsapassāsānaṁ*), se establece la pureza de la virtud (*sīlavisuddhi*) debida a la auto restricción (*saṁvaraṭṭhena*)... (*como en 46*).

*81.* Para alguien que experimenta unificación mental y la ausencia de distracción mediante el experimentar gozo a través de la inhalación y exhalación, las sensaciones son conocidas cuando surgen... (*como en 15*).

*82-92.* Experimentando gozo (*pītipaṭisaṁvedī*) a través de la inhalación y exhalación (*assāsapassāsavasena*), se comprende la unificación de la mente (*cittassa ekaggataṁ*) y la ausencia de distracción (*avikkhepaṁ pajānato*) ... (*como en 16-26*).

Comprendiendo (*pajānanto*), armoniza las facultades sensoriales (*indriyāni samodhāneti*).

Por ello se dice (*tena vuccati*): "Comprende claramente y de manera apropiada" (*samatthañca paṭivijjhatī*).

*93.* **¿Cómo se entrena (*kathaṁ sikkhati*): "Experimentando felicidad (*sukhapaṭisaṁvedī*) inhalaré" (*assasissāmī*), y "Experimentando felicidad exhalaré" (*sukhapaṭisaṁvedī passasissāmī*)?**

Hay dos tipos de felicidad (*dve sukhāni*): corporal (*kāyikaṁ sukhaṁ*) y mental (*cetasikaṁ sukhaṁ*).

**¿Qué es la felicidad corporal?**

Es el placer y la satisfacción sentidos mediante el contacto corporal (*kāyasamphassajaṁ sātaṁ sukhaṁ vedayitaṁ*), las sensaciones placenteras (*sātā sukhā vedanā*) nacidas del contacto corporal (*kāyasamphassajā*) — esto es la felicidad corporal (*idaṁ kāyikaṁ sukhaṁ*).

**¿Qué es la felicidad mental (*katamaṁ cetasikaṁ sukhaṁ*)?**

Aquello que es agradable a nivel mental (*yaṁ cetasikaṁ sātaṁ*), la felicidad mental (*cetasikaṁ sukhaṁ*), el placer que surge del contacto mental (*cetosamphassajaṁ sātaṁ sukhaṁ vedayitaṁ*), las sensaciones placenteras (*sātā sukhā vedanā*) nacidas del contacto mental (*cetosamphassajā*) —esto es la felicidad mental (*idaṁ cetasikaṁ sukhaṁ*).

*94.* **¿Cómo se comprenden las felicidades (*kathaṁ te sukhā paṭividitā honti*)?**

A través de la inhalación larga (*dīghaṁ assāsavasena*), comprendiendo la unificación de la mente (*cittassa ekaggataṁ*) y la ausencia de distracción (*avikkhepaṁ pajānato*), se establece la atención plena (*sati upaṭṭhitā hoti*). Con esa atención plena (*tāya satiyā*) y ese conocimiento (*tena ñāṇena*), las felicidades son comprendidas (*te sukhā paṭividitā honti*).

De manera similar, a través de la exhalación larga (*dīghaṁ passāsavasena*), comprendiendo la unificación de la mente y la ausencia de distracción, se establece la atención plena. Con esa atención plena y ese conocimiento, las felicidades son comprendidas ... (*como en 43*) ... realizando lo que debe ser realizado (*sacchikātabbaṁ sacchikaroto*), las felicidades son comprendidas. Así, las felicidades son comprendidas (*evaṁ te sukhā paṭividitā honti*).

*95.* Experimentando felicidad (*sukhapaṭisaṁvedī*) a través de la inhalación y exhalación (*assāsapassāsavasena*), las sensaciones (*vedanā*) se convierten en el objeto de atención (*upaṭṭhānaṁ*), contemplación (*anupassanā*) y conocimiento (*ñāṇaṁ*).

Las sensaciones (*vedanā*) son el objeto de atención (*upaṭṭhānaṁ*), no la atención plena misma (*no sati*); la atención plena (*sati*) es tanto el objeto de atención como la atención plena misma (*upaṭṭhānañceva sati ca*). Con esa atención plena (*tāya satiyā*) y ese conocimiento (*tena ñāṇena*), se contempla (*anupassati*) esa sensación (*taṁ vedanaṁ*).

Por eso se dice: "Se da el desarrollo del fundamento de la atención plena con la contemplación de las sensaciones en las sensaciones (*vedanāsu vedanānupassanā satipaṭṭhāna bhāvanā*)".

*96-109.* **¿Cómo contempla (*anupassatī ti kathaṁ*) esa sensación (*taṁ vedanaṁ*)?**

La contempla como transitoria (*aniccato anupassati*). ... Así contempla esa sensación (*evaṁ taṁ vedanaṁ anupassati*) (*ver sección 14*).

***Bhāvanā*** significa las cuatro clases de desarrollo (*catasso bhāvanā*) ... el desarrollo en el sentido de cultivo continuo (*āsevanaṭṭhena bhāvanā*) (*ver sección 14*).

Experimentando felicidad (*sukhapaṭisaṁvedī*) en la inhalación y exhalación (*assāsapassāsānaṁ*) se da lo siguiente:

En el sentido de auto restricción (*saṁvaraṭṭhena*), se establece la pureza de la moralidad (*sīlavisuddhi*).

A través de la inhalación y exhalación (*sukhapaṭisaṁvedī assāsa-passāsavasena*), se comprende la unificación de la mente (*cittassa ekaggataṁ*) y la ausencia de distracción (*avikkhepaṁ pajānato*).

Comprendiendo (*pajānanto*), se armonizan las facultades sensoriales (*indriyāni samodhāneti*).

Por ello se dice (*tena vuccati*): "Comprende claramente y de manera apropiada" (*samatthañca paṭivijjhatī*).

*110.* **¿Cómo se entrena (*kathaṁ sikkhati*): "Experimentando las formaciones mentales inhalaré" (*cittasaṅkhārapaṭisaṁvedī assasissāmī*), y "experimentando las formaciones mentales exhalaré" (*cittasaṅkhārapaṭisaṁvedī passasissāmī*)?**

**¿Qué son las formaciones mentales (*katamo cittasaṅkhāro*)?**

A través de la inhalación larga (*dīghaṁ assāsavasena*), la percepción (*saññā*) y la sensación (*vedanā*) —siendo fenómenos mentales (*cetasikā*)— están asociados con la mente (*ete dhammā cittapaṭibaddhā*) y constituyen las formaciones mentales (*cittasaṅkhārā*).

*111.* De manera similar, a través de la exhalación larga (*dīghaṁ passāsa-vasena*), la percepción (*saññā*) y la sensación (*vedanā*) —siendo fenómenos mentales (*cetasikā*)— están asociados con la mente y constituyen las formaciones mentales.

*112.* Esto también se aplica a la inhalación experimentando felicidad (*sukhapaṭisaṁvedī assāsavasena*), y la exhalación experimentando felicidad (*sukhapaṭisaṁvedī passāsavasena*). En ambos casos, la percepción (*saññā*) y la sensación (*vedanā*) —siendo fenómenos mentales— están asociadas con la mente y constituyen las formaciones mentales (*cittasaṅkhārā*).

Esto es lo que se llama las formaciones mentales (*ayaṁ cittasaṅkhāro*).

### *113-126.* ¿Cómo se comprenden las formaciones mentales (*kathaṁ te cittasaṅkhārā paṭividitā honti*)?

A través de la inhalación larga (*dīghaṁ assāsavasena*), comprendiendo la unificación de la mente (*cittassa ekaggataṁ*) y la ausencia de distracción (*avikkhepaṁ pajānato*), se establece la atención plena (*sati upaṭṭhitā hoti*). Con esa atención plena (*tāya satiyā*) y ese conocimiento (*tena ñāṇena*), las formaciones mentales son comprendidas (*te cittasaṅkhārā paṭividitā honti*).

De manera similar, a través de la exhalación larga (*dīghaṁ passāsavasena*), comprendiendo la unificación de la mente y la ausencia de distracción, se establece la atención plena. Con esa atención plena y ese conocimiento, las formaciones mentales son comprendidas. ... Realizando lo que debe ser realizado (*sacchikātabbaṁ sacchikaroto*), las formaciones mentales son comprendidas. Así, las formaciones mentales son comprendidas (*evaṁ te cittasaṅkhārā paṭividitā honti*).

Experimentando las formaciones mentales (*cittasaṅkhārapaṭisaṁvedī*) a través de la inhalación y exhalación (*assāsapassāsavasena*), las sensaciones (*vedanā*) se convierten en el objeto de atención (*upaṭṭhānaṁ*), contemplación (*anupassanā*) y conocimiento (*ñāṇaṁ*).

Las sensaciones (*vedanā*) son el objeto de atención (*upaṭṭhānaṁ*), no la atención plena misma (*no sati*); la atención plena (*sati*) es tanto el objeto de atención como la atención plena misma (*upaṭṭhānañceva sati ca*).

Con esa atención plena (*tāya satiyā*) y ese conocimiento (*tena ñāṇena*), contempla (*anupassati*) esa sensación (*taṁ vedanaṁ*).

Por ello se dice (*tena vuccati*): "Se da el desarrollo del fundamento de la atención plena con la contemplación de las sensaciones en las sensaciones" (*vedanāsu vedanānupassanā satipaṭṭhāna bhāvanā*).

PRINCIPIO DEL FORMULARIO

### ¿Cómo contempla esa sensación (*anupassatī ti kathaṁ taṁ vedanaṁ anupassati*)?

La contempla como transitoria (*aniccato anupassati*) ... Así contempla esa sensación (*evaṁ taṁ vedanaṁ anupassati*).

***Bhāvanā*** significa las cuatro clases de desarrollo (*catasso bhāvanā*) ... el desarrollo en el sentido de cultivo continuo (*āsevanaṭṭhena bhāvanā*) (*ver sección 14*).

Experimentando las formaciones mentales (*cittasaṅkhārapaṭisaṁvedī*) a través de la inhalación y exhalación (*assāsapassāsānaṁ*), se da lo siguiente:

En el sentido de auto restricción (*saṁvaraṭṭhena*), se establece la pureza de la moralidad (*sīlavisuddhi*).

A través de la inhalación y la exhalación (*cittasaṅkhārapaṭisaṁvedī assāsapassāsavasena*), se comprende la unificación de la mente (*cittassa ekaggataṁ*) y la ausencia de distracción (*avikkhepaṁ pajānato*).

Comprendiendo (*pajānanto*), armoniza las facultades sensoriales (*indriyāni samodhāneti*).

Por ello se dice (*tena vuccati*): "Comprende claramente y de manera apropiada" (*samatthañca paṭivijjhatī*).

*127.* **¿Cómo se entrena (*sikkhati*): "Calmaré las formaciones mentales (*passambhayaṁ cittasaṅkhāraṁ*) mientras inhalo" (*assasissāmī*), y "Calmaré las formaciones mentales mientras exhalo" (*passambhayaṁ cittasaṅkhāraṁ passasissāmī*)?**

**¿Qué son las formaciones mentales (*katamo cittasaṅkhāro*)?**

A través de la inhalación larga (*dīghaṁ assāsavasena*), la percepción (*saññā*) y la sensación (*vedanā*) —siendo fenómenos mentales (*cetasikā*)— están asociadas con la mente (*ete dhammā cittapaṭibaddhā*) y constituyen las formaciones mentales (*cittasaṅkhārā*). Al calmar (*passambhento*), cesar (*nirodhento*) y pacificar (*vūpasamento*) estas formaciones mentales, el meditador se entrena.

De manera similar, a través de la exhalación larga (*dīghaṁ passāsavasena*), la percepción (*saññā*) y la sensación (*vedanā*) —siendo fenómenos mentales— están asociadas con la mente y constituyen las formaciones mentales. Al calmar, cesar y pacificar estas formaciones mentales, el meditador se entrena.

Esto también se aplica a la inhalación y exhalación experimentando las formaciones mentales (*cittasaṅkhārapaṭisaṁvedī assāsavasena ... cittasaṅkhārapaṭisaṁvedī passāsavasena*), donde la percepción (*saññā*) y la sensación (*vedanā*) —siendo fenómenos mentales— están asociadas con la mente y constituyen las formaciones mentales. Al calmar, cesar y pacificar estas formaciones mentales, el meditador se entrena.

Calmando las formaciones mentales (*passambhayaṁ cittasaṅkhāraṁ*) a través de la inhalación y exhalación, las sensaciones (*vedanā*) se convierten en el objeto de atención (*upaṭṭhānaṁ*), contemplación (*anupassanā*) y conocimiento (*ñāṇaṁ*).

Las sensaciones (*vedanā*) son el objeto de atención (*upaṭṭhānaṁ*), no la atención plena misma (*no sati*); la atención plena (*sati*) es tanto el objeto de atención como la atención pena misma (*upaṭṭhānañceva sati ca*).

Con esa atención plena (*tāya satiyā*) y ese conocimiento (*tena ñāṇena*), se contempla esa sensación (*taṁ vedanaṁ anupassati*).

*128-142.* Por ello se dice (*tena vuccati*): "Se da el desarrollo del fundamento de la atención plena con la contemplación de las sensaciones en las sensaciones" (*vedanāsu vedanānupassanā satipaṭṭhāna bhāvanā*) ".

**¿Cómo contempla esa sensación (*anupassatī ti kathaṁ taṁ vedanaṁ anupassati*)?**

... Así contempla esa sensación (*evaṁ taṁ vedanaṁ anupassati*).

***Bhāvanā*** significa las cuatro clases de desarrollo (*catasso bhāvanā*) ... el desarrollo en el sentido de cultivo continuo (*āsevanaṭṭhena bhāvanā*) (*ver sección 14*).

Calmando las formaciones mentales (*passambhayaṁ cittasaṅkhāraṁ*) a través de la inhalación y exhalación (*assāsapassāsānaṁ*) se da lugar a lo siguiente:

En el sentido de auto restricción (*saṁvaraṭṭhena*), se establece la pureza de la moralidad (*sīlavisuddhi*).

A través de la inhalación y exhalación (*passambhayaṁ cittasaṅkhāraṁ assāsapassāsavasena*), se comprende la unificación de la mente (*cittassa ekaggataṁ*) y la ausencia de distracción (*avikkhepaṁ pajānato*).

Comprendiendo así (*pajānanto*), armoniza las facultades sensoriales (*indriyāni samodhāneti*).

Por ello se dice (*tena vuccati*): "Comprende claramente y de manera apropiada" (*samatthañca paṭivijjhatī*).

Las ocho contemplaciones basadas en el conocimiento (*aṭṭha anupassanāñāṇāni*), las ocho reflexiones basadas en la atención (*aṭṭha ca upaṭṭhānānussatiyo*), y las cuatro bases doctrinales de los *suttas* (*cattāri suttantikavatthūni*), forman parte de la contemplación de las sensaciones en las sensaciones (*vedanāsu vedanānupassanāya*).[11]

### 1.3.5.3. Tatiyacatukkaniddesa (La exposición de la tercera tétrada).

#### 3. Tercera tétrada

*143.* **¿Cómo se entrena (*kathaṁ sikkhati*): "Experimentando la mente inhalaré" (*cittapaṭisaṁvedī assasissāmī*), y "Experimentando la mente exhalaré" (*cittapaṭisaṁvedī passasissāmī*)?**

Con la inhalación larga (*dīghaṁ assāsavasena*), la conciencia (*viññāṇa*) es la mente. Lo que se denomina mente (*yaṁ cittaṁ*) incluye:

1. La mente [o facultad mental] (*mano*),
2. Lo mental (*mānasa*),
3. El corazón (*hadaya*),
4. Lo puro [claro, luminoso] (*paṇḍara*),
5. La base sensorial mental (*manāyatana*),
6. La facultad mental (*manindriya*),
7. La conciencia (*viññāṇa*),
8. El agregado de la conciencia (*viññāṇakkhandha*),
9. El elemento de la conciencia mental (*manoviññāṇadhātu*).

Con la exhalación corta, la conciencia es la mente [*y así sucesivamente incluyendo todos los modos hasta*:] calmando la formación mental a través de la inhalación... calmando la formación mental a través de la exhalación, la conciencia (*viññāṇa*) es la mente. Aquello que es mente, incluye todos estos aspectos mencionados anteriormente: pensamiento, lo mental, el corazón, lo puro, la facultad mental, la base mental, la conciencia, el agregado de la conciencia y la conciencia mental derivada. Esto es la mente (*idaṁ cittaṁ*).

*144-159.* **¿Cómo se comprende esa mente (*citta*)?**

Con la inhalación larga, al saber la unificación y la no distracción de la mente, se establece la atención plena. Con esa atención plena y ese conocimiento, se comprende esa mente. Con la exhalación larga —al saber la unificación y la no distracción de la mente— se establece la atención plena. Con esa atención plena y ese conocimiento, se comprende esa mente... así se comprende esa mente. Experimentando la mente (*cittapaṭisaṁvedī*) a través de la inhalación y exhalación (*assāsapassāsavasena*), la conciencia (*viññāṇa*) se convierte en el objeto de atención (*upaṭṭhānaṁ*), contemplación (*anupassanā*) y conocimiento (*ñāṇaṁ*).

La mente es el objeto de atención (*upaṭṭhānaṁ*), no la atención plena misma (*no sati*); la atención plena (*sati*) es tanto el objeto de atención como la atención plena misma (*upaṭṭhānañceva sati ca*).

Con esa atención plena (*tāya satiyā*) y ese conocimiento (*tena ñāṇena*), contempla esa mente (*taṁ cittaṁ anupassati*). Por eso se dice: "Se da el desarrollo del fundamento de la atención plena con la contemplación de la mente en la mente (*citte cittānupassanā satipaṭṭhāna bhāvanā*)".

**¿Cómo contempla esa mente (*anupassatī ti kathaṁ taṁ cittaṁ anupassati*)?**

... Así contempla esa mente (*evaṁ taṁ cittaṁ anupassati*).

***Bhāvanā*** significa las cuatro clases de desarrollo (*catasso bhāvanā*) ... el desarrollo en el sentido de cultivo continuo (*āsevanaṭṭhena bhāvanā*) (*ver sección 14*).

Experimentando la mente (*cittapaṭisaṁvedī*) a través de la inhalación y exhalación (*assāsapassāsānaṁ*) se da lo siguiente:

En el sentido de auto restricción (*saṁvaraṭṭhena*), se establece la pureza de la moralidad (*sīlavisuddhi*).

A través de la inhalación y exhalación (*cittapaṭisaṁvedī assāsapassāsavasena*), se comprende la unificación de la mente (*cittassa ekaggataṁ*) y la ausencia de distracción (*avikkhepaṁ pajānato*).

Comprendiendo así (*pajānanto*), armoniza las facultades sensoriales (*indriyāni samodhāneti*).

Por ello se dice (*tena vuccati*): "Comprende claramente y de manera apropiada" (*samatthañca paṭivijjhatī*).

*160.* **¿Cómo se entrena para "alegrar la mente" al inhalar y al exhalar? ¿Qué es la alegría de la mente (*cittassa abhippamodo*)?**

Con la inhalación larga —al saber la concentración y la no distracción de la mente— [surge] el deleite mental. El deleite mental es la exaltación, el regocijo, el júbilo, el placer, la satisfacción, la complacencia de la mente. Con la inhalación larga y exhalación, al saber la concentración y la no distracción de la mente, surge el regocijo de la mente. El regocijo de la mente incluye:

1. el regocijo (*āmodanā*),
2. el deleite (*pamodanā*),
3. el júbilo ligero (*hāso*),
4. el júbilo pleno (*pahāso*),
5. el placer (*vitti*),
6. la exultación (*odagyaṁ*),
7. la satisfacción (*attamanatā*) de la mente.

*161-175.* Experimentando la mente a través de la inhalación... Experimentando la mente a través de la exhalación, al saber la unificación y la no distracción de la mente, surge la alegría de la mente. La alegría de la mente es el regocijo, el deleite, el júbilo ligero, el júbilo pleno, el placer, la exultación, y la satisfacción de la mente —esto es la alegría de la mente.

Alegrando la mente a través de la inhalación y la exhalación —siendo la conciencia (*viññāṇa*) la mente— se establece la atención plena en la mente, estando entonces presentes la atención plena y el conocimiento. La mente es el objeto de la atención plena, no la atención plena en sí misma; la atención plena es tanto el establecimiento de la atención como la atención plena misma. Con esa atención plena y ese conocimiento, contempla esa mente. Por eso se dice: "Se da el desarrollo del fundamento de la atención plena con la contemplación de la mente en la mente (*citte cittānupassanā satipaṭṭhāna bhāvanā*)".

**¿Cómo contempla esa mente (*anupassatī ti kathaṁ taṁ cittaṁ anupassati*)?**

La contempla como transitoria... así contempla esa mente.

***Bhāvanā*** significa las cuatro clases de desarrollo (*catasso bhāvanā*) ... el desarrollo en el sentido de cultivo continuo (*āsevanaṭṭhena bhāvanā*) (*ver sección 14*).

Alegrando la mente (*abhippamodayaṁ cittaṁ*) a través de la inhalación y exhalación (*assāsapassāsānaṁ*) se da lo siguiente:

En el sentido de auto restricción (*saṁvaraṭṭhena*), se establece la pureza de la moralidad (*sīlavisuddhi*).

A través de la inhalación y exhalación (*abhippamodayaṁ cittaṁ assāsapassāsavasena*), se comprende la unificación de la mente (*cittassa ekaggataṁ*) y la ausencia de distracción (*avikkhepaṁ pajānato*).

Comprendiendo así (*pajānanto*), armoniza las facultades sensoriales (*indriyāni samodhāneti*).

Por ello se dice (*tena vuccati*): "Comprende claramente y de manera apropiada" (*samatthañca paṭivijjhatī*).

*176.* **¿Cómo se entrena para unificar la mente al inhalar y al exhalar? ¿Qué es *samādhi* (concentración)? ¿Qué es la facultad de concentración (*samādhindriya*)?**

La concentración (*samādhi*) es la unificación y la no distracción de la mente en relación con una inhalación larga, lo cual implica:

Estabilidad de la mente (*ṭhiti*),
firmeza (*saṇṭhiti*),
posicionamiento firme (*avaṭṭhiti*),
independencia [respecto a nutrimento] (*avisāhāro*),
ausencia de distracción (*avikkhepo*),
libertad respecto al engreimiento (*avisāhaṭamānasatā*),
serenidad (*samatho*),
facultad de concentración (*samādhindriya*),
poder de concentración (*samādhibala*), y
concentración correcta (*sammāsamādhi*).

*177.* Con la exhalación larga, al saber la unificación y la no distracción de la mente, la estabilidad de la mente, la firmeza, el posicionamiento firme, la independencia, la ausencia de distracción, la libertad respecto al engreimiento, la serenidad, la facultad de concentración, el poder de concentración y la concentración correcta, se da el *samādhi*...

Unificando la mente a través de la inhalación... Unificando la mente a través de la exhalación, la unificación y la no distracción de la mente es *samādhi*. la estabilidad de la mente, la firmeza, el posicionamiento firme, la independencia, la ausencia de distracción, la libertad respecto al engreimiento, la serenidad, la facultad de concentración, el poder de concentración y la concentración correcta —esto es *samādhi*.

Unificando la mente durante la inhalación y la exhalación incluye el surgimiento de la conciencia (*viññāṇa*), la mente (*citta*), la atención (*upaṭṭhāna*), la atención plena (*sati*), la contemplación (*anupassanā*) y el conocimiento (*ñāṇa*). La atención (*upaṭṭhāna*) es la mente, pero no es lo mismo que la atención plena (*sati*); la atención plena incluye tanto la atención como la atención plena. A través de esta atención plena y de este conocimiento, se contempla esa mente. Por ello se dice (*tena vuccati*): "Se da el desarrollo del fundamento de la atención plena con la contemplación de la mente en la mente (*citte cittānupassanā satipaṭṭhāna bhāvanā*)".

**¿Cómo contempla esa mente (*anupassatī ti kathaṁ taṁ cittaṁ anupassati*)?**

... Así contempla esa mente (*evaṁ taṁ cittaṁ anupassati*).

***Bhāvanā*** significa las cuatro clases de desarrollo (*catasso bhāvanā*) ... el desarrollo en el sentido de cultivo continuo (*āsevanaṭṭhena bhāvanā*) (*ver sección 14*).

Estableciendo la mente en concentración (*samādahaṁ cittaṁ*) a través de la inhalación y exhalación (*assāsapassāsānaṁ*), se da lo siguiente:

En el sentido de restricción (*saṁvaraṭṭhena*), se establece la pureza de la moralidad (*sīlavisuddhi*).

A través de la inhalación y exhalación (*samādahaṁ cittaṁ assāsapassāsavasena*), se comprende la unificación de la mente (*cittassa ekaggataṁ*) y la ausencia de distracción (*avikkhepaṁ pajānato*).

Comprendiendo (*pajānanto*), armoniza las facultades sensoriales (*indriyāni samodhāneti*).

Por ello se dice (*tena vuccati*): "Comprende claramente y de manera apropiada" (*samatthañca paṭivijjhatī*).

*192-206.* **¿Cómo se entrena para liberar la mente al inhalar y al exhalar?**

El meditador se entrena estableciéndose así: "liberaré la mente de la lujuria [respecto a placeres sensoriales] (*rāga*) al inhalar" y "liberaré la mente de la lujuria al exhalar". Se entrena estableciéndose así: "liberaré la mente del odio (*dosa*) al inhalar" y "liberaré la mente del odio al exhalar". Se entrena estableciéndose así: "liberaré la mente de la ofuscación (*moha*) al inhalar"... hasta "liberaré la mente del orgullo (*māna*)", "liberaré la mente de las nociones erróneas (*diṭṭhi*)", "liberaré la mente de la duda (*vicikicchā*)", "liberaré la mente de la inercia mental (*thīna*)", "liberaré la mente de la inquietud (*uddhacca*)", "liberaré la mente de la falta de vergüenza (*ahirika*)" y "liberaré la mente de la falta de temor moral (*anottappa*) al inhalar" y "liberaré la mente de la falta de temor moral al exhalar".

Liberar la mente durante la inhalación y la exhalación implica conciencia (*viññāṇa*), mente (*citta*), atención (*upaṭṭhāna*), atención plena (*sati*)... etcétera.

**¿Cómo contempla (*anupassati*) esa mente?**

... Así contempla (*anupassati*) esa mente.

***Bhāvanā*** significa las cuatro clases de desarrollo (*catasso bhāvanā*) ... el desarrollo en el sentido de cultivo continuo (*āsevanaṭṭhena bhāvanā*) (*ver sección 14*).

Liberar la mente durante la inhalación y la exhalación (*vimocayaṁ cittaṁ assāsapassāsāna*) implica una purificación de la moralidad (*sīlavisuddhi*) basada en la auto restricción (*saṁvaraṭṭhena*). ... Al liberar la mente durante la inhalación y la exhalación, comprende (*pajānato*) la unificación (*ekaggatā*) y la no distracción (*avikkhepa*) de la mente. ... Comprendiendo así, armoniza (*samodhānetī*) las facultades sensoriales (*indriyāni*). Por eso se dice: "Comprende claramente y de manera apropiada" (*samatthañca paṭivijjhatī*)".

*207.* Ocho conocimientos de contemplación (*anupassanāñāṇāni*), ocho recuerdos relacionados con la atención (*upaṭṭhānānussatiyo*) y cuatro fundamentos en las enseñanzas (*suttantikavatthūni*) forman parte de la contemplación de la mente en la mente (*cittānupassanā*).[13]

### 1.3.5.4. Catutthacatukkaniddesa (La exposición de la cuarta tétrada)

4. Cuarta tétrada

*208.* **¿Cómo se entrena un bhikkhu para contemplar lo transitorio (*aniccānupassī*) al inhalar y al exhalar? ¿Qué es lo transitorio (*anicca*)?**

Los cinco agregados son transitorios.

**¿En qué sentido son transitorios?**

Son transitorios en el sentido del surgimiento y cese (*uppāda-vayaṭṭhena*). Al observar el surgimiento de los cinco agregados, ¿cuántas características (*lakkhaṇāni*) observa? Al observar el cese de los cinco agregados, ¿cuántas características observa? Al observar el surgimiento y el cese de los cinco agregados, ¿cuántas características observa? Al observar el surgimiento de los cinco agregados, observa veinticinco características. Al observar el cese, observa veinticinco características. Al observar el surgimiento y el cese de los cinco agregados, observa cincuenta características.

*209.* **¿Cómo se entrena para "contemplar lo transitorio en la forma" al inhalar y al exhalar?**

Se entrena de la siguiente manera: "Me entrenaré contemplando lo transitorio en la forma [material] (*rūpa*) al inhalar" y "me entrenaré contemplando lo transitorio en las sensaciones (*vedanā*) ... en las percepciones (*saññā*) ... en las formaciones mentales (*saṅkhāra*) ... en la conciencia (*viññāṇa*) ... en el ojo (*cakkhu*) ... en la vejez y la muerte (*jarāmaraṇa*) al inhalar" y "me entrenaré contemplando lo transitorio en la vejez y la muerte al exhalar".

Contemplar lo transitorio (*aniccānupassī*) durante la inhalación y la exhalación incluye los fenómenos [de la experiencia] (*dhammā*), la atención, la atención plena, la contemplación (*anupassanā*) y el conocimiento (*ñāṇa*). Los fenómenos como la atención (*upaṭṭhāna*) no son lo mismo que la atención plena (*sati*); la atención plena incluye tanto la atención como la atención plena. A través de esta atención plena y este conocimiento, contempla (*anupassati*) esos fenómenos. Por eso se dice: "Se da el desarrollo del fundamento de la atención plena con la contemplación de los fenómenos en los fenómenos (*dhammesu dhammānupassanā satipaṭṭhāna*)".

**¿Cómo contempla esos fenómenos?**

La contempla como transitorios... así contempla esos fenómenos.

***Bhāvanā*** significa las cuatro clases de desarrollo (*catasso bhāvanā*) ... el desarrollo en el sentido de cultivo continuo (*āsevanaṭṭhena bhāvanā*) (*ver sección 14*).

Contemplar lo transitorio (*aniccānupassī*) durante la inhalación y la exhalación implica una purificación de la moralidad (*sīlavisuddhi*) basada en el establecimiento de la auto restricción (*saṁvaraṭṭhena*). ... Al contemplar lo transitorio durante la inhalación y la exhalación, comprende (*pajānato*) la unificación (*ekaggatā*) y la no distracción (*avikkhepa*) de la mente. ... Comprendiendo así, armoniza (*samodhāneti*) las facultades sensoriales (*indriyāni*). Por eso se dice: "Lo comprende perfectamente (*samatthañca paṭivijjhatī*)".

**¿Cómo se entrena para contemplar el desapasionamiento (*virāgānupassī*) al inhalar y al exhalar?**

Lo hace de la siguiente manera: "Me entrenaré para contemplar el desapasionamiento respecto a la forma [material] al inhalar" y "me entrenaré para contemplar el desapasionamiento respecto a la forma al exhalar."

Al ver el peligro [desventaja] (*ādīnava*) en la forma [material], surge el deseo por el desapasionamiento, se establece en la fe (*saddhādhimutto*), y la mente se estabiliza. "Me entrenaré para contemplar el desapasionamiento en la forma al inhalar" y "me entrenaré para contemplar el desapasionamiento en la forma al exhalar".

Al ver el peligro en las sensaciones... en las percepciones... en las formaciones mentales... en la conciencia... en el ojo (*cakkhu*)... al ver el peligro en el envejecimiento y la muerte (*jarāmaraṇa*), surge el deseo por el desapasionamiento, el meditador se establece en la fe, y la mente se estabiliza (*cittaṁ svādhiṭṭhitaṁ*). Determina: "Me entrenaré contemplando el desapasionamiento (*virāgānupassī*) en el envejecimiento y la muerte al inhalar" y "me entrenaré contemplando el desapasionamiento en el envejecimiento y la muerte al exhalar".

Contemplar el desapasionamiento (*virāgānupassī*) durante la inhalación y la exhalación implica los fenómenos (*dhammā*), la atención (*upaṭṭhāna*), la atención plena (*sati*), la contemplación (*anupassanā*) y el conocimiento (*ñāṇa*). Los fenómenos como la atención no son lo mismo que la atención plena; la atención plena incluye tanto la atención como la atención plena. A través de esta atención plena y este conocimiento, contempla (*anupassati*) esos fenómenos. Por eso se dice: "Se da el desarrollo del fundamento de la atención plena con la contemplación de los fenómenos [de la experiencia] en los fenómenos (*dhammesu dhammānupassanā satipaṭṭhāna*)".[14]

**¿Cómo contempla esos fenómenos?**

... Así contempla (*anupassati*) esos fenómenos.

***Bhāvanā*** significa las cuatro clases de desarrollo (*catasso bhāvanā*) ... el desarrollo en el sentido de cultivo continuo (*āsevanaṭṭhena bhāvanā*) (*ver sección 14*).

Contemplar el desapasionamiento (*virāgānupassī*) durante la inhalación y la exhalación implica una purificación de la moralidad (*sīla-visuddhi*) basada en la auto restricción (*saṁvaraṭṭhena*). ... Al contemplar el desapasionamiento durante la inhalación y la exhalación, comprende (*pajānato*) la unificación (*ekaggatā*) y la no distracción (*avikkhepa*) de la mente. ... Comprendiendo (*pajānanto*) así, armoniza (*samodhāneti*) las facultades sensoriales (*indriyāni*).

Por ello se dice: "Lo comprende perfectamente (*samatthañca paṭivij-jhatī*)."

*241.* **¿Cómo se entrena para contemplar el cese (*nirodhānupassī*) al inhalar y al exhalar?**

Se entrena de la siguiente manera: "Me entrenaré para contemplar el cese al inhalar" y "me entrenaré para contemplar el cese al exhalar".

Al ver el peligro (*ādīnava*) en la forma [material], surge el deseo por el cese de la forma [material] (*rūpanirodha*), surge la aspiración en la fe (*chandajāto hoti saddhādhimutto*), y la mente se estabiliza. "Así me entrenaré para contemplar el cese en la forma al inhalar" y así "me entrenaré para contemplar el cese en la forma al exhalar".

Al ver el peligro en las sensaciones (*vedanā*)... en las percepciones (*saññā*)... en las formaciones mentales (*saṅkhāra*)... en la conciencia (*viññāṇa*)... en el ojo (*cakkhu*)... al ver el peligro en el envejecimiento y la muerte (*jarāmaraṇa*), surge el deseo por el cese, surge la aspiración en la fe, y la mente se estabiliza. "Así se entrena para contemplar el cese en el envejecimiento y la muerte al inhalar" y "así se entrena para contemplar el cese en el envejecimiento y la muerte al exhalar".

*242-257.* **¿En cuántas formas se ve el peligro (*ādīnava*) de la ignorancia (*avijjā*)?**

El peligro de la ignorancia se ve de cinco formas.

**¿En cuántas formas se extingue la ignorancia?**

La ignorancia se extingue de ocho formas.

**¿Cuáles son las cinco maneras (*pañcahākārehi*) en que se percibe el peligro de la ignorancia?**

1. En el sentido de transitoriedad (*aniccaṭṭhena*), se percibe el peligro de la ignorancia.
2. En el sentido de sufrimiento (*dukkhaṭṭhena*), se percibe el peligro de la ignorancia.
3. En el sentido del *no yo* (*anattaṭṭhena*), se percibe el peligro de la ignorancia.
4. En el sentido de aflicción (*santāpaṭṭhena*), se percibe el peligro de la ignorancia.
5. En el sentido de cambio o transformación (*vipariṇāmaṭṭhena*), se percibe el peligro de la ignorancia.

De estas cinco maneras (*imehi pañcahākārehi*), se percibe el peligro de la ignorancia (*avijjāya ādīnava hoti*).

**¿Cuáles son las ocho maneras (*aṭṭhahākārehi*) en que se extingue (*nirujjhati*) la ignorancia (*avijjā*)?**

1. Por el cese de las causas (*nidānanirodhena*), se extingue la ignorancia.
2. Por el cese del surgimiento (*samudayanirodhena*), se extingue la ignorancia.
3. Por el cese del nacimiento (*jātinirodhena*), se extingue la ignorancia.

4. Por el cese de la fuente (*pabhavanirodhena*) [*variante:* por el cese del nutrimento (*āhāranirodhena*)], se extingue la ignorancia.
5. Por el cese de las raíces [orígenes] (*hetunirodhena*), se extingue la ignorancia.
6. Por el cese de los factores condicionantes (*paccayanirodhena*), se extingue la ignorancia.
7. Por el surgimiento del conocimiento (*ñāṇuppādena*), se extingue la ignorancia.
8. Por la contemplación del cese (*nirodhupaṭṭhānena*), se extingue la ignorancia.

Por estas ocho maneras (*imehi aṭṭhahākārehi*), se extingue la ignorancia (*avijjā nirujjhati*).

Al percibir el peligro (*ādīnava*) de la ignorancia a través de estas cinco maneras, y al comprender su cese a través de estas ocho maneras, surge la aspiración en la fe, y la mente se estabiliza. El meditador se entrena de la siguiente manera: "Contemplaré el cese de la ignorancia (*avijjāya nirodhānupassī*) al inhalar" y "contemplaré el cese de la ignorancia al exhalar".

**¿De cuántas maneras (*katihākārehi*) se percibe el peligro (*ādīnava*) y de cuántas maneras cesan (*nirujjhanti*) los fenómenos condicionados?**

1. En las formaciones mentales (*saṅkhārā*):
   El peligro en las formaciones mentales se percibe de cinco maneras.
   Las formaciones mentales cesan de ocho maneras.
2. En la conciencia (*viññāṇa*):
   El peligro en la conciencia se percibe de cinco maneras.
   La conciencia cesa de ocho maneras.
3. En la mentalidad-materialidad (*nāmarūpa*):
   El peligro en la mentalidad-materialidad se percibe de cinco maneras.
   La mentalidad-materialidad cesa de ocho maneras.
4. En las seis bases sensoriales (*saḷāyatana*):
   El peligro en las seis bases sensoriales se percibe de cinco maneras.
   Las seis bases sensoriales cesan de ocho maneras.
5. En el contacto (*phassa*):
   El peligro en el contacto se percibe de cinco maneras.

El contacto cesa de ocho maneras.

6. En las sensaciones (*vedanā*):
   El peligro en las sensaciones se percibe de cinco maneras.
   Las sensaciones cesan de ocho maneras.
7. En el deseo [avidez, lujuria] (*taṇhā*):
   El peligro en el deseo se percibe de cinco maneras.
   El deseo cesa de ocho maneras.
8. En el apego (*upādāna*):
   El peligro en el apego se percibe de cinco maneras.
   El apego cesa de ocho maneras.
9. En el devenir [el deseo o aversión respecto a la existencia] (*bhava*):
   El peligro en el devenir se percibe de cinco maneras.
   El devenir cesa de ocho maneras.
10. En el nacimiento (*jāti*):
    El peligro en el nacimiento se percibe de cinco maneras.
    El nacimiento cesa de ocho maneras.
11. En la vejez y la muerte (*jarāmaraṇa*):
    El peligro en la vejez y la muerte se percibe de cinco maneras.
    La vejez y la muerte cesan de ocho maneras.

**¿Cuáles son las cinco maneras (*pañcahākārehi*) en que se percibe el peligro (*ādīnava*) en la vejez y la muerte (*jarāmaraṇa*)?**

1. En el sentido de transitoriedad (*aniccaṭṭhena*), se percibe el peligro en la vejez y la muerte.
2. En el sentido de sufrimiento (*dukkhaṭṭhena*), se percibe el peligro en la vejez y la muerte.
3. En el sentido del *no yo* (*anattaṭṭhena*), se percibe el peligro en la vejez y la muerte.
4. En el sentido de aflicción (*santāpaṭṭhena*), se percibe el peligro en la vejez y la muerte.
5. En el sentido de cambio o transformación (*vipariṇāmaṭṭhena*), se percibe el peligro en la vejez y la muerte.

Mediante estas cinco maneras (*imehi pañcahākārehi*), se percibe el peligro en la vejez y la muerte (*jarāmaraṇa ādīnava hoti*).

**¿Cuáles son las ocho maneras (*aṭṭhahākārehi*) en que cesa (*nirujjhati*) la vejez y la muerte (*jarāmaraṇa*)?**

1. Mediante el cese de las causas (*nidānanirodhena*), cesa la vejez y la muerte.

2. Mediante el cese del surgimiento (samudayanirodhena), cesa la vejez y la muerte.
3. Mediante el cese del nacimiento (*jātinirodhena*), cesa la vejez y la muerte.
4. Mediante el cese del devenir (*pabhavanirodhena*), cesa la vejez y la muerte.
5. Mediante el cese de las raíces [orígenes] (*hetunirodhena*), cesa la vejez y la muerte.
6. Mediante el cese de los factores condicionantes (*paccaya-nirodhena*), cesa la vejez y la muerte.
7. Mediante el surgimiento del conocimiento (*ñāṇuppādena*), cesa la vejez y la muerte.
8. Mediante la contemplación del cese (*nirodhupaṭṭhānena*), cesa la vejez y la muerte.

Mediante estas ocho maneras (*imehi aṭṭhahākārehi*), cesa la vejez y la muerte (*jarāmaraṇa nirujjhati*).

Al percibir el peligro (*ādīnava*) en la vejez y la muerte a través de estas cinco maneras y comprender su cese a través de estas ocho maneras, surge la aspiración (*chandajāto*), se establece la fe (*saddhādhimutto*), y la mente queda firmemente resuelta (*cittaṁ svādhiṭṭhitaṁ*).

El meditador se entrena pensando: "Contemplaré el cese de la vejez y la muerte (*jarāmaraṇe nirodhānupassī*) al inhalar" y "contemplaré el cese de la vejez y la muerte al exhalar".

Contemplando el cese (*nirodhānupassī*) durante la inhalación y la exhalación se establecen los fenómenos [de la experiencia] (*dhammā*), la atención (*upaṭṭhāna*), la atención plena (*sati*), la contemplación (*anupassanā*) y el conocimiento (*ñāṇa*). Los fenómenos son la atención, pero esta no es lo mismo que la atención plena; la atención plena incluye tanto la atención como la atención plena.

A través de esta atención plena y este conocimiento, contempla (*anupassati*) esos fenómenos. Por eso se dice: "Se da el desarrollo del fundamento de la atención plena con la contemplación de los fenómenos [de la experiencia] en los fenómenos (*dhammesu dhammānupassanā satipaṭṭhāna*)".

**¿Cómo contempla (*anupassati*) esos fenómenos (*te dhamme*)?**

El meditador los contempla como transitorios, no como permanentes... renuncia a ellos, no los adopta. contemplándolos como transitorios, abandona la percepción de permanencia... al renunciar a ellos, abandona el apego. Así contempla esos fenómenos.

***Bhāvanā*** significa las cuatro clases de desarrollo (*catasso bhāvanā*) ... el desarrollo en el sentido de cultivo continuo (*āsevanaṭṭhena bhāvanā*) (*ver sección 14*).

Contemplar el cese (*nirodhānupassī*) durante la inhalación y la exhalación (*assāsapassāsāna*) implica una purificación de la moralidad (*sīlavisuddhi*) basada en la auto restricción (*saṁvaraṭṭhena*).

Al contemplar el cese durante la inhalación y la exhalación, comprende (*pajānato*) la unificación de la mente (*cittassa ekaggatā*) y la no distracción (*avikkhepa*). Comprendiendo así, el meditador armoniza (*samodhāneti*) las facultades sensoriales (*indriyāni*).

Por ello se dice: "Lo comprende perfectamente (*samatthañca paṭivijjhatī*)".

*258-259.* **¿Cómo se entrena contemplando el abandono (*paṭinissaggānupassī*) al inhalar al exhalar?**

**¿Qué es el abandono (*paṭinissaggā*)?**

Hay dos tipos de abandono:

1. El abandono por renuncia (*pariccāga paṭinissaggo*): es el renunciar a las formas [materiales] (*rūpaṁ pariccajati*).
2. El abandono por entrega total o liberación (*pakkhandana paṭinissaggo*): se da cuando la mente se inclina hacia el cese de las formas, hacia el Nibbāna (*rūpanirodhe nibbāne cittaṁ pakkhandati*).

Se entrena contemplando el abandono en las formas (*rūpe paṭinissaggānupassī*) al inhalar y al exhalar.

Contempla el abandono en relación con las sensaciones (*vedanā*), percepciones (*saññā*), formaciones mentales (*saṅkhārā*), conciencia (*viññāṇa*), el ojo (*cakkhu*) ... la vejez y la muerte (*jarāmaraṇa*) [abandona por renuncia y por entrega]:

Renunciar (*pariccajati*) constituye el abandono por renuncia (*pariccāga paṭinissaggo*).

La mente se inclina hacia el cese de la vejez y la muerte, hacia el Nibbāna (*jarāmaraṇa nirodhe nibbāne cittaṁ pakkhandati*), lo cual constituye el abandono por entrega total (*pakkhandana paṭinissaggo*).

Así se entrena contemplando el abandono en la vejez y la muerte al inhalar y al exhalar.

Contemplando el abandono (*paṭinissaggānupassī*) durante la inhalación y la exhalación incluye los fenómenos (*dhammā*), la atención (*upaṭṭhāna*), la atención plena (*sati*), la contemplación (*anupassanā*) y el conocimiento (*ñāṇa*).

Los fenómenos como la atención no son lo mismo que la atención plena; la atención plena incluye tanto la atención como la misma atención plena. A través de esta presencia mental y conocimiento, contempla (*anupassati*) esos fenómenos.

Por eso se dice: "Se da el desarrollo del fundamento de la atención plena con la contemplación de los fenómenos [de la experiencia] en los fenómenos (*dhammesu dhammānupassanā satipaṭṭhāna*)".

*260-273.* **¿Cómo contempla esos fenómenos?**

El meditador los contempla como transitorios, no como permanentes... renuncia a ellos, no los adopta. Contemplándolos como transitorios, abandona la percepción de permanencia... al renunciar a ellos, abandona el apego. Así contempla esos fenómenos.

***Bhāvanā*** significa las cuatro clases de desarrollo (*catasso bhāvanā*) ... el desarrollo en el sentido de cultivo continuo (*āsevanaṭṭhena bhāvanā*) (*ver sección 14*).

Contemplando la renuncia a través de la inhalación y exhalación, se establece la pureza de la virtud (*sīlavisuddhi*) mediante la auto restricción (*saṁvaraṭṭhena*), la pureza de la mente (*cittavisuddhi*) mediante la no distracción (*avikkhepaṭṭhena*), la pureza de la comprensión (*diṭṭhivisuddhi*) mediante la visión [introspectiva] (*dassanaṭṭhena*).

Mediante la auto restricción se da el entrenamiento en la disciplina superior (*adhisīlasikkhā*); a través de la no distracción, se da el entrenamiento en la mente superior; a través de la comprensión [correcta], se da el entrenamiento en la sabiduría superior. Contemplando estas tres disciplinas (*tisso sikkhāyo*), se entrena reflexionando (*āvajjanto sikkhati*), se entrena comprendiendo (*jānāti sikkhati*), y se entrena realizando [experimentando] directamente (*sacchikaroti sikkhati*).

Contemplando el abandono (*paṭinissaggānupassī*) durante la inhalación y la exhalación (*assāsapassāsavasena*), el meditador comprende (*pajānato*) la unificación de la mente (*cittassa ekaggata*) y la no distracción (*avikkhepa*). Percibe las sensaciones (*vedanā*) en cuanto surgen claramente (*viditā uppajjanti*), permanecen presentes (*viditā upaṭṭhahanti*), y son claramente percibidas en su desvanecimiento (*viditā abbhatthaṁ gacchanti*).

Contemplando el abandono (*paṭinissaggānupassī*) durante la inhalación y la exhalación, comprende la armonización las facultades (*indriyāni samodhāneti*), reconoce su campo de práctica (*gocarañca pajānāti*), y realiza lo que debe ser comprendido directamente (*samatthañca paṭivijjhati*).

Así establece conjuntamente (*samodhāneti*) los poderes espirituales (*balāni*), Los factores de la iluminación (*bojjhaṅge*), la vía (*magga*), y los fenómenos [de la experiencia].

Así, reconociendo su campo de práctica (*gocarañca pajānāti*) y mediante realización directa (*samatthañca paṭivijjhatī*), es capaz de saber y penetrar los fenómenos [de la experiencia] (*dhamma*).

**¿Cómo unifica las facultades?**

Unifica la facultad de fe en el sentido de determinación... por eso se dice: "alcanza y comprende completamente."

Ocho conocimientos de contemplación (*aṭṭha anupassane ñāṇāni*), ocho rememoraciones basadas en la atención (*aṭṭha upaṭṭhānānussatiyo*), y cuatro fundamentos discursivos (*cattāri suttantikavatthūni*) conforman la contemplación de los fenómenos en los fenómenos (*dhammesu dhammānupassanā*).[14]

En total, estos constituyen treinta y dos conocimientos (*bāttiṁsa ñāṇāni*) del practicante con atención plena (*satokārissa*).

*Explicación de los conocimientos del que actúa con atención plena (satokāri).*

## 1.3.6. Ñāṇarāsichakkaniddesa (La exposición del conjunto de seis grupos de conocimientos).

### Seis grupos de conocimientos (24–72–8–8–8–21)

*274.* **¿Cuáles son los veinticuatro conocimientos relacionados con la concentración (*katamāni catuvīsati samādhivasena ñāṇānī*)?**

A través de la inhalación larga (*dīghaṁ assāsavasena*), la unificación de la mente (*cittassa ekaggatā*) y la ausencia de distracción (*avikkhepo*) se constituye la concentración (*samādhi*).

A través de la exhalación larga (*dīghaṁ passāsavasena*), la unificación de la mente y la ausencia de distracción se constituye la concentración.

... (*lo mismo para el resto de los puntos que constituyen las primeras tres tétradas*)[15]

Liberando la mente mientras se inhala (*vimocayaṁ cittaṁ assāsa-vasena*), la unificación de la mente y la ausencia de distracción constituyen la concentración.

Liberando la mente mientras se exhala (*vimocayaṁ cittaṁ passāsa-vasena*), la unificación de la mente y la ausencia de distracción constituyen la concentración.

Estos son los veinticuatro conocimientos relacionados con la concentración (*imāni catuvīsati samādhivasena ñāṇāni*).

**275. ¿Cuáles son los setenta y dos conocimientos (*dvesattati ñāṇānī*) obtenidos por medio del conocimiento introspectivo (*vipassanā-vasena*)?**

1. Contemplando una inhalación larga (*dīghaṁ assāsaṁ*) como transitoria (*anicca*), como sufrimiento (*dukkha*) y como como *no yo* (*anatta*) en el sentido de contemplación (*anupassanaṭṭhena*), es conocimiento introspectivo (*vipassanā*).
2. Contemplando una exhalación larga (*dīghaṁ assāsaṁ*) como transitoria (*anicca*), como sufrimiento (*dukkha*) y como como no-yo (*anatta*) en el sentido de contemplación (*anupassanaṭṭhena*), es conocimiento introspectivo (*vipassanā*).

(...)[16]

71. Contemplando la liberación de la mente durante la inhalación (*vimocayaṁ cittaṁ assāsaṁ*) como transitoria (*anicca*), como sufrimiento (*dukkha*) y como como *no yo* (*anatta*) en el sentido de contemplación (*anupassanaṭṭhena*), es conocimiento introspectivo (*vipassanā*).

72. Contemplando la liberación de la mente durante la exhalación (*vimocayaṁ cittaṁ passāsaṁ*) como transitoria, como sufrimiento y como como *no yo* en el sentido de contemplación, es conocimiento introspectivo.

Estas son las setenta y dos clases de conocimientos (*ñāṇāni*) obtenidos por medio del conocimiento introspectivo (*vipassanāvasena*).

*276.* **¿Cuáles son los ocho conocimientos de desencanto (*aṭṭha nibbidāñāṇāni*)?**

1. Contemplando lo transitorio (*aniccānupassī*) durante la inhalación (*assasaṁ*), comprende y ve [las cosas] tal como son (*yathābhūtaṁ jānāti passatīti*), lo cual constituye un conocimiento de desencanto (*nibbidā ñāṇa*).

2. Contemplando lo transitorio durante la exhalación (*passāsaṁ*), comprende y ve tal como es, lo cual constituye un conocimiento de desencanto.
3. Contemplando el sufrimiento (*dukkhānupassī*) durante la inhalación, comprende y ve tal como es, lo cual constituye un conocimiento de desencanto.
4. Contemplando el sufrimiento durante la exhalación, comprende y ve tal como es, lo cual constituye un conocimiento de desencanto.
5. Contemplando el *no yo* (*anattānupassī*) durante la inhalación, comprende y ve tal como es, lo cual constituye un conocimiento de desencanto.
6. Contemplando el *no yo* durante la exhalación, comprende y ve tal como es, lo cual constituye un conocimiento de desencanto.
7. Contemplando el abandono (*paṭinissaggānupassī*) durante la inhalación, comprende y ve tal como es, lo cual constituye un conocimiento de desencanto.
8. Contemplando el abandono durante la exhalación, comprende y ve tal como es, lo cual constituye un conocimiento de desencanto.

Estos son los ocho conocimientos de desencanto (*aṭṭha nibbidā-ñāṇāni*).

*277.* **¿Cuáles son los ocho conocimientos que están en conformidad con el desencanto (*aṭṭha nibbidānulome ñāṇāni*)?**

1. Contemplando lo transitorio (*aniccānupassī*) durante la inhalación (*assāsa*) se da la sabiduría (*paññā*) basada en la percepción del peligro (*bhayatupaṭṭhāna*); esto es un conocimiento que está en conformidad con el desencanto (*nibbidānulome ñāṇa*).
2. Contemplando lo transitorio durante la exhalación (*passasa*) se da la sabiduría basada en la percepción del peligro; esto es un conocimiento que está en conformidad con el desencanto.
3. Contemplando el sufrimiento (*dukkhānupassī*) durante la inhalación se da la sabiduría basada en la percepción del peligro; esto es un conocimiento que está en conformidad con el desencanto.
4. Contemplando el sufrimiento durante la exhalación se da la sabiduría basada en la percepción del peligro; esto es un conocimiento que está en conformidad con el desencanto.

5. Contemplando la ausencia de un yo (*anattānupassī*) durante la inhalación se da la sabiduría basada en la percepción del peligro; esto es un conocimiento que está en conformidad con el desencanto.
6. Contemplando la ausencia de un yo durante la exhalación se da la sabiduría basada en la percepción del peligro; esto es un conocimiento que está en conformidad con el desencanto.
7. Contemplando el abandono (*paṭinissaggānupassī*) durante la inhalación se da la sabiduría basada en la percepción del peligro; esto es un conocimiento que está en conformidad con el desencanto.
8. Contemplando el abandono durante la exhalación se da la sabiduría basada en la percepción del peligro; esto es un conocimiento que está en conformidad con el desencanto.

Estos son los ocho conocimientos que están en conformidad con el desencanto (*aṭṭha nibbidānulome ñāṇāni*).

*278.* **¿Cuáles son los ocho conocimientos que conducen a la tranquilización del desencanto (*aṭṭha nibbidāpaṭippassaddhiñāṇāni*)?**

1. Contemplando lo transitorio (*aniccānupassī*) durante la inhalación (*assāsa*), se da la sabiduría (*paññā*) basada en la reflexión (*paṭisaṅkhā*) y la pacificación (*santiṭṭhanā*); esto es un conocimiento que conduce a la tranquilización del desencanto (*nibbidāpaṭippassaddhiñāṇa*).
2. Contemplando lo transitorio durante la exhalación (*passasa*), se da la sabiduría basada en la reflexión y la pacificación; esto es un conocimiento que conduce a la tranquilización del desencanto.
3. Contemplando el sufrimiento (*dukkhānupassī*) durante la inhalación, se da la sabiduría basada en la reflexión y la pacificación; esto es un conocimiento que conduce a la tranquilización del desencanto.
4. Contemplando el sufrimiento durante la exhalación, se da la sabiduría basada en la reflexión y la pacificación; esto es un conocimiento que conduce a la tranquilización del desencanto.
5. Contemplando el *no yo* (*anattānupassī*) durante la inhalación, se da la sabiduría basada en la reflexión y la pacificación; esto es un conocimiento que conduce a la tranquilización del desencanto.
6. Contemplando el *no yo* durante la exhalación, se da la sabiduría basada en la reflexión y la pacificación; esto es un conocimiento que conduce a la tranquilización del desencanto.
7. Contemplando el abandono (*paṭinissaggānupassī*) durante

la inhalación, se da la sabiduría basada en la reflexión y la pacificación; esto es un conocimiento que conduce a la tranquilización del desencanto.

8. Contemplando el abandono durante la exhalación, se da la sabiduría basada en la reflexión y la pacificación; esto es un conocimiento que conduce a la tranquilización del desencanto.

Estos son los ocho conocimientos que conducen a la tranquilización del desencanto (*aṭṭha nibbidāpaṭippassaddhiñāṇāni*).

*279.* **¿Cuáles son los veintiún conocimientos en la felicidad de la liberación (*ekavīsati vimuttisukhe ñāṇāni*)?**[17]

Mediante la vía del *sotāpatti* (*sotāpattimagga*) surge conocimiento en la felicidad de la liberación (*vimuttisukhe ñāṇa*) debido a la eliminación (*pahīnattā*) y erradicación completa (*samucchinnattā*) de:

1. La noción errónea del yo (*sakkāyadiṭṭhi*).
2. La duda (*vicikicchā*).
3. El apego a los ritos y preceptos (*sīlabbataparāmāsa*).
4. Los hábitos [tendencias] subyacentes de las nociones erróneas (*diṭṭhānusaya*).
5. Los hábitos subyacentes de la duda (*vicikicchānusaya*).

Mediante la vía del *sakadāgāmi* (*sakadāgāmi magga*) surge un conocimiento en la felicidad de la liberación debido a la eliminación y erradicación de:

6. El encadenamiento de la lujuria sensorial burda (*oḷārikassa kāmarāgasaññojana*).
7. El encadenamiento del odio [mala voluntad] burdo (*paṭigha-saññojana*).
8. Los hábitos subyacentes de la lujuria sensorial burda (*kāmarāgā-nusaya*).
9. Los hábitos subyacentes del odio burdo (*paṭighānusaya*).

Mediante el camino del *anāgāmi* (*anāgāmimagga*) surge un conocimiento en la felicidad de la liberación debido a la eliminación y erradicación de:

10. El encadenamiento de la lujuria sensorial (*kāmarāgasaññojana*).
11. El encadenamiento del odio [mala voluntad] (*paṭighasaññojana*).
12. Los hábitos subyacentes de la lujuria sensorial (*kāmarāgānusaya*).
13. Los hábitos subyacentes del odio (*paṭighānusaya*).

Mediante el camino del *arahant* (*arahattamagga*) surge un conocimiento en la felicidad de la liberación debido a la eliminación y erradicación de:

14. El apego a la existencia material sutil (*rūparāga*).
15. El apego a la existencia inmaterial (*arūparāga*).
16. El engreimiento (*māna*).
17. La agitación (*uddhacca*).
18. La ignorancia (*avijjā*).
19. El hábito subyacente del engreimiento (*mānānusaya*).
20. El hábito subyacente del apego al devenir (*bhavarāgānusaya*).
21. El hábito subyacente a la ignorancia (*avijjānusaya*).

Estos son los veintiún conocimientos en la felicidad de la liberación (*ekavīsati vimuttisukhe ñāṇāni*).

El desarrollo del *samādhi* a través de la atención plena en la respiración (*ānāpānassatisamādhi*) se cumple al cultivar la atención plena en la respiración con sus dieciséis bases (*soḷasavatthukaṁ*), de esta forma surgen más de doscientos conocimientos (*dve ñāṇasatāni*).

*Fin de la exposición sobre la atención plena en la respiración (Ānāpānassatikathā).*[18]

# NOTAS - *ĀNĀPĀNASSATIKATHĀ*

1. PtsA 323: "El signo es el lugar en donde las inhalaciones y exhalaciones tocan. Ya que las inhalaciones y exhalaciones —mientras ocurren— inciden sobre la punta de la nariz (en alguien de nariz larga) o en el labio superior (en alguien de nariz corta)".

NT: El signo debe ser definido como la percepción derivada del contacto táctil del aire con la base corporal sensible del cuerpo. Esta base corporal puede ser cierta área localizada en la parte interna de la nariz o alrededor de la punta de esta, en el labio superior, o incluso en el tejido interno que forma parte de labios y boca —esto último particularmente, cuando la respiración se lleva a cabo con la boca abierta o ligeramente abierta.

2. NT: El surgimiento del signo marca una serie de eventos consecuentes: por una parte, la percepción del objeto de meditación pasa de la percepción propia de la esfera del deseo sensorial a la percepción de un objeto material sutil, propio de la esfera de la forma o de la materialidad sutil. Dicha percepción solo puede ser visual o auditiva, y por lo tanto deja de ser una percepción táctil propia de la etapa perceptiva inicial del objeto material de la respiración.

La percepción táctil, al iniciar la atención a la respiración, tiene su signo característico, llamado *parikamma nimitta* o "signo de trabajo" o "signo preparatorio". Posteriormente, a medida que el meditador persevera balanceando su esfuerzo y atención, surge un nuevo modo de percepción incipiente —que marca el cambio de esfera arriba mencionado. Este nuevo signo es una imagen mental (visual o —raramente— auditiva) conocida como *uggaha nimitta,* el "signo de contraparte", "signo de acceso", o "imagen adquirida". El grado de concentración propio de esta etapa es conocido como "concentración de acceso, o vecinal" (*upacāra samādhi*). El surgimiento de este signo marca la supresión inicial, en forma débil, de los impedimentos.

Posteriormente, cuando la percepción se agudiza, clarifica y estabiliza, el signo correspondiente es llamado *paṭibhāga nimitta*, y se caracteriza por ser más definido, claro y estable que el signo de acceso. Desde el momento en que aparece el *uggaha nimitta* —el cual es distintivo de la concentración de acceso—, los impedimentos quedan suprimidos y los factores jhánicos se establecen. Cuando la supresión de los impedimentos y el establecimiento de los factores jhánicos es firme y estable, se dice que se ha logrado la concentración de absorción (*appanā samādhi*). Cuando esto sucede, se establece el primer *jhāna*.

3. NT: Para una discusión acerca de los tipos de signo y sus características, ver: Henepola Gunaratana, Mahāthera, *The Jhānas in Theravada Buddhist Meditation, The Factors of the First Jhāna*, pp.30-44; Wheel Publication 351/353, BPS, Kandy, Sri Lanka 2007. Para un análisis comparativo y detallado del signo y aspectos relacionados con la práctica de la atención plena en la respiración, ver: Ajahn Sona, *The Mystery of the Breath Nimitta or, The Case of the Missing Simile*, Dhamma Resources - Birken Forest Buddhist Monastery (*Sītavana*).

Este es un punto crucial en el discernimiento introspectivo y que establece la capacidad del meditador para progresar. Debe entenderse claramente que hay tres conciencias diferentes: la de la inhalación, la de la exhalación, y la conciencia que surge a raíz de la percepción del signo (*nimitta*) asociado al objeto de meditación. En la inmersión o absorción la conciencia del signo es la que se mantiene primariamente en el foco de la atención plena, no obstante que la inhalación y la exhalación son discernibles. El verso referido es crucial para entender la experiencia de la concentración de acceso y la concentración de absorción: la mente debe tener claridad para distinguir los tres fenómenos —inhalación, exhalación y signo— en forma plena, y no como una experiencia combinada y por lo tanto vaga. En un momento dado, cuando la mente logra madurez, la atención se aparta de las inhalaciones y las exhalaciones y se dirige por completo al signo de contraparte (ver nota 7).

La naturaleza del signo es propia de cada meditador, ya que cada individuo percibe la sensación táctil asociada a la respiración de manera particular. El símil de la sierra es muy ilustrativo para entender este aspecto del discernimiento.

4. NT: Ver: *Bahudhātuka Sutta*, M 115.4, n.1077, en *The Middle Length Discourses of the Buddha*, transl. Bhikkhu Ñāṇamoli and Bhikkhu Bodhi, 4th., Ed., 2009.

Un mundo: todos los seres se mantienen de nutrimento; dos mundos: mentalidad y materialidad; tres mundos: tres sensaciones; cuatro mundos: los cuatro nutrimentos (ver: M 9, *Sammādiṭṭhi Sutta*); cinco mundos: cinco agregados como objetos de apego; seis mundos: las seis bases sensoriales internas; siete mundos: las siete estaciones de la conciencia (ver: DN 15, *Mahānidāna Sutta*); ocho mundos: ocho condiciones mundanas (ver: AN 8.6, *Dutiyalokadhama Sutta*); nueve mundos: nueve moradas de los seres (ver: AN 9.24, *Sattāvāsa Sutta*); diez mundos: diez bases sensoriales [5 bases internas + 5 bases externas]; doce mundos: doce bases sensoriales [las diez mencionadas + mente y objeto mental]; dieciocho mundos:

dieciocho elementos [1. ojo, 2. objeto visible, 3. conciencia visual; [continuando en forma correspondiente con oído, ...; nariz, ...; lengua, ...; cuerpo, ...]; 16. mente, 17. objeto mental, 18. conciencia mental] (ver: M 115, *Bahudhātuka Sutta*).

5. NT: "Aquellos que actúan con atención plena".

6. NT: *Chandasamādhi* es el primer *iddhipāda* o vía hacia el poder. Ver: Saṃyutta Nikāya 51 24(4).

7. PtsA 351: "La mente se aparta cuando el signo de contraparte dependiente de las inhalaciones y exhalaciones surge, la mente se aparta [entonces] de las inhalaciones y exhalaciones originales". "Se establece el estado central de ecuanimidad" debido a la ausencia de la necesidad de continuar el trabajo de [construir la] concentración debido a la producción de la concentración de acceso o debido a la producción de la absorción completa [*jhāna*].

8. PtsA 351: "Las inhalaciones y las exhalaciones tomadas como partículas son un cuerpo en el sentido de masa, y también el signo que surge en dependencia de las inhalaciones y exhalaciones normales se llama también 'el signo'. 'El establecimiento es atención plena': la atención plena se llama 'establecimiento (fundamento)' ya que, habiéndose acercado a ese objeto, permanece allí. 'La contemplación es conocimiento': el significado es esa contemplación del cuerpo como signo en [la práctica de] serenidad y la contemplación del cuerpo mental y material en [la práctica del] conocimiento introspectivo. 'El cuerpo es el fundamento (el establecimiento)': ese cuerpo se llama el 'fundamento (establecimiento)' ya que la atención, al haberse acercado a él, permanece allí. 'Pero no es la atención plena': ese cuerpo no es llamado 'atención plena'".

9. PtsA 352: "La contemplación del cuerpo como cuerpo", siendo el cuerpo de muchas clases, es la contemplación de ese cuerpo. O bien, lo que se quiere decir es: la contemplación de un (del) cuerpo —no de cualquier otra idea— en el cuerpo; no la contemplación de la permanencia, el placer, el yo y la belleza en un cuerpo que es transitorio, doloroso, *no yo* y no atractivo (repulsivo), sino la contemplación de ese cuerpo como transitorio, doloroso, *no yo* y no atractivo. O bien, lo que se quiere decir es la contemplación simplemente de ese cuerpo en sí mismo, en lugar de la contemplación en él de cualquier cuerpo que se suponga que es 'yo' o 'mío' o 'mujer' u 'hombre'". Ver también: MA i 241*f*.

10. NT: En la presente obra se optó por traducir los términos pāli *vitakka* y *vicāra* como aplicación mental inicial y exploración mental

sostenida, respectivamente. Otros autores traducen como pensamiento y ponderación; aplicación inicial y sostenida (de la mente); atención dirigida y evaluación, etcétera.

11. NT: Las ocho contemplaciones basadas en el conocimiento (*aṭṭha anupassanāñāṇāni*) que surgen durante la práctica de la contemplación o meditación introspectiva (*vipassanā*), especialmente al observar los fenómenos condicionados (*saṅkhāras*), corresponden a una serie de conocimientos (*ñaṇas*) desarrollados progresivamente en la práctica del conocimiento o visión introspectiva (*vipassanā-ñāṇa*), a saber:

1. *Udayabbayānupassanā-ñāṇa* - conocimiento de la contemplación del surgimiento y cese.
2. *Bhaṅgānupassanā-ñāṇa* - conocimiento de la contemplación de la disolución.
3. *Bhaya-ñāṇa* - conocimiento del peligro
4. *Ādīnava-ñāṇa* - conocimiento del aspecto desventajoso.
5. *Nibbidā-ñāṇa* - conocimiento de la desilusión.
6. *Muccitukamyatā-ñāṇa* - conocimiento del deseo de liberación.
7. *Paṭisaṅkhā-ñāṇa* - conocimiento de la reflexión.
8. *Saṅkhārupekkhā-ñāṇa* - conocimiento de la ecuanimidad respecto a las formaciones.

Estos ocho son conocidos en conjunto como: etapas avanzadas de sabiduría en la práctica de *vipassanā*.

Las ocho reflexiones u ocho remembranzas basadas en la atención plena (*aṭṭha ca upaṭṭhānānussatiyo*) —*aṭṭha anussatiṭṭhānāni* o *anussatiṭṭhānānī*, en otras fuentes— son, de acuerdo con la lista comúnmente aceptada en los textos (ver también nota 13):

1. *Buddhānussati*: contemplación del Buda.
2. *Dhammānussati*: contemplación del Dhamma.
3. *Saṅghānussati*: contemplación del Saṅgha.
4. *Sīlānussati*: contemplación de la propia virtud.
5. *Cāgānussati*: contemplación de la propia generosidad
6. *Devatānussati*: contemplación de las cualidades que conducen a un renacimiento entre los *devas*.
7. *Maraṇānussati*: contemplación de la muerte.
8. *Upasamānussati*: contemplación de la paz (especialmente del Nibbāna)

Las cuatro bases doctrinales de los suttas (*cattāri suttantikavatthūnī*) —dependiendo del contexto—, pueden identificarse con las Cuatro Nobles

Verdades, consideradas como el núcleo temático de los discursos del Buda (de ahí su asociación como *suttantikavatthūni*).

O pueden referirse a otras cuatro bases temáticas canónicas sobre las cuales se desarrollan exposiciones doctrinales o habilidades analíticas (*paṭisambhidā*). Las cuatro *paṭisambhidā* son:

1. *Attha-paṭisambhidā*: Conocimiento analítico del *significado* (la comprensión profunda de los contenidos doctrinales y su sentido);
2. *Dhamma-paṭisambhidā*: Conocimiento analítico del *Dhamma* (la comprensión de las estructuras, categorías y doctrinas del Dhamma —por ejemplo, los agregados, los elementos, los factores de iluminación, etc.);
3. *Nirutti-paṭisambhidā*: Conocimiento analítico del *lenguaje o expresión* (la comprensión precisa de la terminología, la gramática y la capacidad de expresarse doctrinalmente en palabras exactas); y
4. *Paṭibhāna-paṭisambhidā*: El conocimiento analítico de la *elocuencia o inspiración discursiva* (la habilidad para responder, explicar o enseñar el Dhamma de forma clara, ingeniosa, espontánea y apropiada a la audiencia).

12. PtsA 356: "En lo que respecta a la exposición de 'calmar, y así sucesivamente, formaciones corporales' significa estados en el cuerpo material; 'vinculados al cuerpo' significa dependientes del cuerpo, cuando el cuerpo está presente, ellos existen, cuando no lo está, no existen. Por lo tanto, como son formados únicamente por el cuerpo, son formaciones corporales. 'Calmar' significa hacer que se extinga, que se calme; con la palabra 'calmar', se implica un calmante burdo. 'Causar cese' significa provocar el cese a través del no surgimiento de las formaciones burdas. 'Pacificar' significa inducir un estado pacífico en las formaciones burdas mediante un cambio en una continuidad única".

13. NT: Los ocho conocimientos de contemplación (*aṭṭha anupassanāñāṇāni*) son ocho tipos de conocimiento que surgen al contemplar la mente directamente, especialmente durante *cittānupassanā*. En el contexto del *Paṭisambhidāmagga* y el *Vimuttimagga*, se describen así:

1. *Samādhi ñāṇa* – Conocimiento de la concentración.
2. *Vippayutta saññā ñāṇa* – Conocimiento de las percepciones desvinculadas (de los objetos mundanos).
3. *Cetanā ñāṇa* – Conocimiento de las voliciones.
4. *Jhāna ñāṇa* – Conocimiento de los *jhānas*.

5. *Vimutti ñāṇa* – Conocimiento de la liberación.
6. *Paṭisaṅkhā ñāṇa* – Conocimiento de la reflexión o discernimiento analítico.
7. *Ñāṇa ñāṇa* – Conocimiento del conocimiento (el "saber que uno sabe").
8. *Anupassanā ñāṇa* – Conocimiento de la contemplación misma.

Estos conocimientos surgen por la contemplación directa de los estados mentales presentes, ya sean con deseo, sin deseo, concentrados, dispersos, etc.

Los ocho recuerdos (o memorias) relacionados con la atención (*aṭṭha upaṭṭhānānussatiyo*) son ocho formas de rememoración constante (*anussati*) que sirven como soporte para mantener la mente clara, purificada y centrada. Son:

1. *Buddhānussati* – Remembranza del Buda.
2. *Dhammānussati* – Remembranza del Dhamma.
3. *Saṅghānussati* – Remembranza del Saṅgha.
4. *Sīlānussati* – Remembranza de la virtud (*sīla*)
5. *Cāgānussati* – Remembranza de la generosidad (*cāga*)
6. *Devatānussati* – Remembranza de las cualidades que conducen al renacimiento entre los *devas*.
7. *Maraṇānussati* – Remembranza de la muerte.
8. *Upasamānussati* – Remembranza de la paz o Nibbāna.

Estas prácticas ayudan a purificar la mente y preparar el terreno para una atención plena eficaz, especialmente en la contemplación de los estados mentales.

Los cuatro fundamentos o bases en la enseñanza (*cattāri suttantika-vatthūni*) se refieren a cuatro temas doctrinales extraídos directamente de los *suttas*, utilizados como base para desarrollar *cittānupassanā*. Se explican como:

1. *Sarāgacittaṁ... → contemplación de la mente con deseo (lobha)*
2. *Dosacittaṁ... → contemplación de la mente con odio (dosa)*
3. *Mohacittaṁ... → contemplación de la mente con ignorancia (moha)*
4. *Saṅkhittacittaṁ...* → contemplación de la mente concentrada o dispersa, etc.

Estos corresponden a las categorías enumeradas directamente en el *Satipaṭṭhāna Sutta*, bajo la sección *cittānupassanā*, por lo que se consideran fundamentos doctrinales (*suttantikavatthūni*) de esa contemplación.

14. NT: La contemplación del cuarto fundamento de la atención plena se refiere a la contemplación de los siguientes fenómenos de la experiencia: los cinco impedimentos (*pañca nīvaraṇā*), los cinco agregados del apego (*pañcupādānakkhandhā*), las seis bases sensoriales (*saḷāyatana*), los siete factores de la iluminación (*satabojjh'aṅga*) y el noble óctuple sendero (*aṭṭhaṅgika magga*).

15. NT: Estos 24 tipos de conocimiento están constituidos por la concentración y la no distracción (2 factores) de la mente mediante la inhalación y la exhalación en cada uno de los cuatro puntos que constituyen cada una de las tres primeras tétradas (4 x 3 factores) que constituyen el esquema completo de *ānāpānasatī*, resultando así en 2 x (4 x 3) = 24 conocimientos.

16. NT: Los 72 tipos de conocimiento obtenidos mediante la introspección se obtienen a través de la contemplación de la transitoriedad, la insatisfacción y el *no yo* (3 factores) por medio de la inhalación y la exhalación (2 factores) en cada uno de los cuatro puntos que constituyen cada una de las tres primeras tétradas (4 x 3), resultando así en 2 x 3 x (4 x 3) = 72 conocimientos.

17. PtsA 364: "'El conocimiento de la felicidad de la liberación' significa el conocimiento asociado con la felicidad de la liberación debido a [la obtención del] fruto, y al conocimiento de revisión que tiene como objeto la felicidad de la liberación debido al logro del fruto".

18. En el idioma pāli, puede haber variaciones en la ortografía debido a diferentes tradiciones textuales, diferencias regionales o elecciones editoriales. El término "ānāpānasati" puede ser escrito con una doble "s" en algunos contextos o ediciones específicas, por ejemplo, la última edición del Mahāsaṅgīti Tipiṭaka Buddhavasse 2500. Si bien la ortografía estándar generalmente utiliza una "s" simple como en "ānāpānasati," pueden existir variaciones en la ortografía basadas en diferentes interpretaciones o convenciones dentro de tradiciones particulares. En esta obra se usan las dos formas dependiendo del texto.

# EL CAMINO DE LA LIBERACIÓN (VIMUTTIMAGGA)

## CAPÍTULO 8, SECCIÓN IV

## ATENCIÓN PLENA EN LA RESPIRACIÓN

P. **¿Qué es la atención plena en la respiración (*ānāpānasati*)? ¿Cómo es su práctica? ¿Cuál es su característica sobresaliente, su función y su causa próxima? ¿Cuáles son sus beneficios? ¿Cómo es el procedimiento?**

R. La inhalación (*āna*) es el aire de la respiración ingresando. La exhalación (*apāna*) es el aire de la respiración saliendo. El percibir la respiración, atento al aire ingresando y saliendo, es la práctica de la atención plena [*sati*] y la atención plena correcta [*sammā sati*].

La morada imperturbable de la mente en esta atención plena es su práctica. El provocar el surgimiento de la percepción respecto a la respiración es su característica sobresaliente.

El atender al contacto (*phassa*) es su función.

La eliminación del pensamiento discursivo (*vitakka*) es su causa próxima.

### BENEFICIOS

P. **¿Cuáles son sus beneficios?**

R. Si alguien practica la atención plena en la respiración, alcanza una vida pacífica, exquisita, encantadora y dichosa. Hace que los estados malsanos y demeritorios cesen tan pronto como estos surgen.[1] No es negligente en lo relativo a su cuerpo o a su órgano de la visión. Su cuerpo y mente permanecen firmes, sin vacilaciones ni temblores.[2] Cumple con los cuatro fundamentos de la atención plena, desarrolla los siete factores de la iluminación y alcanza la liberación. Esta práctica ha sido elogiada por el Bendito. Esta es la morada de los Nobles, de Brahmā y del Tathāgata.[3]

### Procedimiento

P. **¿Cómo es el procedimiento?**

R. El meditador novicio, habiendo ido a un bosque, al pie de un árbol o a un amplio espacio abierto, se sienta, con las piernas cruzadas, sosteniendo el cuerpo erguido, con la atención plena establecida frente a sí. Es plenamente atento respecto a su respiración. Atendiendo plenamente a la exhalación, cuando exhala largo, el meditador sabe: "es una exhalación larga"; cuando inhala largo, sabe: "es una inhalación larga"; cuando inhala corto, sabe: "es una inhalación corta"; cuando exhala corto, sabe: "es una exhalación corta". Así lo sabe: "Estoy inhalando, de tal y tal manera", así se entrena a sí mismo. "Estoy exhalando, de tal y tal manera", así se entrena. (Es decir, experimentando todo el cuerpo [de la respiración]; calmando las formaciones corporales [de la respiración]), experimentando gozo (*pīti*), experimentado felicidad (*sukha*), experimentando las formaciones mentales, calmando las formaciones mentales, experimentando la mente (*citta*), alegrando la mente, concentrando la mente, liberando la mente, discerniendo la transitoriedad (*anicca*), discerniendo el desapasionamiento (*virāga*), discerniendo el cese (*nirodha*), discerniendo la renuncia [el abandono, *paṭinissagga*], así se entrena. "Discerniendo la renuncia, exhalo de tal y tal manera", así se entrena; "discerniendo la renuncia, inhalo, de tal y tal manera", así se entrena.[4]

Aquí, el entrenarse en "la inhalación" significa: "la atención plena se fija en la punta de la nariz o en el labio [superior]".[5] Estos son los puntos de contacto relacionados con la inhalación y la exhalación. El meditador presta atención a dichos puntos en la inhalación. Considera el contacto del aire en la inhalación y en la exhalación, a través de la atención plena que se fija en la punta de la nariz o en el labio superior. Con atención plena, inhala. Con atención plena, exhala. No toma en consideración el aire (de la respiración) después de haber ingresado ni después de haber salido.[6] Con atención plena toma en cuenta el contacto del aire de la respiración que ingresa y el aire de la respiración que sale, [fijando su atención] en la punta de la nariz o en el labio superior. Así inhala y exhala con atención plena.

Es como una persona que está aserrando madera: no atiende a los dientes de la sierra que van y vienen [sino que mantiene su atención en el punto de contacto de la sierra con la madera]. De la misma manera, el meditador no atiende a la percepción del aire de la respiración entrando y saliendo [al practicar] la atención plena en la respiración, sino que es consciente del contacto del aire en la punta de la nariz o en el labio e inhala y exhala con atención plena.[7] Si cuando el aire de la respiración entra o sale, el meditador considera el interior o el exterior [de su cuerpo], su mente se distraerá. Si su mente se distrae, su cuerpo y mente vacilarán y perderán estabilidad. Estos son los inconvenientes [que deben evitarse]. El meditador no debe respirar deliberadamente ni respiraciones largas ni cortas. Si respira largo o corto en forma deliberada, su mente se distraerá y su cuerpo y mente vacilarán y se desestabilizarán. Estos son los inconvenientes.

Ese meditador no debería vincularse a las diversas percepciones [ya mencionadas] relacionadas con la inhalación y la exhalación. Si lo hace, se verán afectados [en él] otros factores mentales. Si su mente se altera, su cuerpo y su mente vacilarán y perderán estabilidad. Así surgen innumerables impedimentos ya que los puntos de contacto del aire inhalado y exhalado son innumerables. Por ello, el meditador debe estar plenamente atento y no debe permitir que su mente se distraiga. No debe entrenarse con demasiada energía ni con laxitud. Si se entrena con laxitud, caerá en la rigidez y el letargo mental. Si entrena con demasiada energía, se tornará inquieto. Si cae en la rigidez y letargo o se torna inquieto, su cuerpo y mente vacilarán y se desestabilizarán. Estas son las desventajas [que deben ser evitadas].

Para el meditador que atiende a la respiración de la manera expuesta, con la mente que está limpia de las nueve impurezas menores, surge la imagen (*nimitta*) junto con una agradable sensación similar a la que es producida por la acción de hilar algodón o seda. También, se asemeja a la sensación agradable producida por una brisa.[8] Así, en la inhalación y exhalación, el aire toca la nariz o el labio y causa el establecimiento de la atención plena a la percepción del aire. Esto no depende del color o forma.[9] Esto es llamado la imagen [el signo; *nimitta*]. Si el meditador desarrolla la imagen y la aumenta en la punta de la nariz, entre las cejas, en la frente o la establece en otros lugares,[10] siente como si su cabeza se llenara de aire. Al incrementar la imagen de esta manera, todo su cuerpo se llena de dicha. A esto se le llama perfección.

Y de nuevo, aquí un meditador: ve varias imágenes desde el inicio. Ve diversas formas, tales como humo, niebla, polvo, arena de oro, o experimenta algo similar al pinchazo de una aguja o la mordedura de una hormiga.[11] Si su mente no se aclara con respecto a estas diversas imágenes, se confundirá. De esa manera [su práctica] se viene abajo y no obtendrá la percepción [apropiada] de la respiración. Si su mente se vuelve clara, el meditador no experimenta confusión. Atiende a la respiración y no causa el surgimiento de otras percepciones. Meditando así, es capaz de poner fin a la confusión y adquirir la imagen [material] sutil [el signo de contraparte] (*paṭibhāga nimitta*). Así atiende a la respiración con una mente que está libre [de impedimentos]. Esa imagen está liberada [de contaminaciones]. Y debido a que la imagen está liberada, surge la aspiración (*chanda*). Liberándose del deseo, ese meditador atiende a la respiración y se torna gozoso. [Posteriormente,] libre de gozo y deseo surge la felicidad y así atiende a la respiración con ecuanimidad (*upekkhā*). Con equilibrio, liberado del deseo y la felicidad, atiende a la respiración y su mente no se perturba. Si su mente no se perturba, destruirá los impedimentos y hará surgir los factores de la concentración (*jhāna*). De esta manera, ese meditador logrará la calma y el sublime cuarto *jhāna*. Esto es lo que se ha enseñado anteriormente en forma completa.

## Contando, conectando, contactando y fijando.

Y una vez más, ciertos predecesores[12] enseñaban cuatro maneras de practicar la atención plena en la respiración. Contando, conectando, contactando y fijando.[13]

P. **¿Qué es "contar"?**

R. Un meditador novicio cuenta las respiraciones de uno a diez, comenzando con la exhalación y terminando con la inhalación del aire. No cuenta más allá de diez. También se ha enseñado que cuente de uno a cinco, pero sin exceder ese número. Si el meditador se pierde en la cuenta, en ese momento debe retomar el conteo o dejar el recuento [para volver a centrarse en la respiración]. De este modo, permanece en la atención plena en la respiración, atendiendo al objeto. Así debe entenderse el método de "contar".

"Conectar": Después de haber contado, el meditador sigue la respiración con atención plena, continuamente. Esto se denomina "conectar".

"Contactar" Después de haber causado el surgimiento de la percepción del aire, el meditador permanece atento al contacto del aire de la respiración en la punta de la nariz o en el labio. Esto es lo que se llama "contactar".

"Fijar" habiendo adquirido facilidad con el contacto, él debe establecer la imagen [*nimitta*] y cultivar el gozo, la felicidad y otros estados que surgen allí. Así debe conocerse la "fijación".

El conteo suprime la incertidumbre. Causa el abandono de la incertidumbre. La conexión elimina el pensamiento discursivo burdo y causa la ininterrumpida atención plena en la respiración. El contacto elimina la distracción y la convierte en percepción constante. Uno alcanza la distinción mediante la dicha.

### DIECISÉIS MANERAS DE ENTRENAMIENTO EN LA ATENCIÓN PLENA A LA RESPIRACIÓN.

(1) y (2) "Inhalando largo, exhalando corto, inhalando corto, así se entrena"[14]... (*Pasaje ilegible*) ... El conocimiento causa el surgimiento de la no-confusión y el objeto.

P. **¿Qué es la no-confusión y que es el objeto?**

R. El meditador novicio gana tranquilidad de cuerpo y mente y permanece en la atención plena en la respiración. [A medida que progresa] las respiraciones se vuelven sutiles, y debido a su sutileza son difíciles de asir [con la aplicación inicial y la exploración sostenida de la mente]. Si en ese momento la respiración es larga, el meditador, a través de la fijación, sabe que es larga. Si la imagen [*nimitta*] surge, él la considera a través de su propia naturaleza (*sabhāva*).[15] Así debe ser conocida la no-confusión. Y nuevamente, el meditador debe considerar las respiraciones tal como son, ya sean largas o cortas. Así debe practicar [con atención plena]. Y nuevamente, el meditador causa la aparición de la imagen clara (*nimitta*) a través del objeto de meditación [en este caso, la respiración]. Así es como uno debe practicar.

(3) "Experimentando todo el cuerpo [de la respiración], inhalo, así se entrena": En dos formas conoce todo ese cuerpo, a través de la no-confusión y a través del objeto.

P. **¿Qué es el conocimiento de todo el cuerpo a través de la no-confusión?**

R. Un meditador practica la atención plena en la respiración y desarrolla concentración a través del contacto acompañado de gozo y felicidad (*pīti-sukha*). Todo el cuerpo se establece en estado de no-confusión debido a la experiencia del contacto acompañado de gozo y felicidad.

P. **¿Qué es el conocimiento de todo el cuerpo a través del objeto?**

R. La inhalación y la exhalación constituyen los factores corporales que moran en una esfera.[16] El objeto de la respiración, la mente y las propiedades mentales son llamados "cuerpo". Estos factores corporales se llaman "cuerpo".[17] Así debe ser conocido "todo el cuerpo". Ese meditador conoce todo el cuerpo de este modo: "Aunque haya cuerpo, no hay un yo o alma".[18]

### Tres entrenamientos (*sīla, samādhi y pañña*) — tres purificaciones (*sīlavisuddhi, cittavisuddhi, diṭṭhivisuddhi*)

"Así se entrena a sí mismo" se refiere a los tres entrenamientos. El primero es el entrenamiento de la virtud superior, el segundo es el entrenamiento de la mente superior, el tercero es el entrenamiento de la sabiduría superior.[19] La verdadera virtud es llamada el entrenamiento de la virtud superior, la verdadera concentración es llamada el entrenamiento de la mente superior y la verdadera sabiduría es llamada el entrenamiento de la sabiduría superior. Mediante estos tres tipos de entrenamiento el practicante medita sobre el objeto, rememora el objeto y se entrena a sí mismo. Practica repetidamente. Este es el significado de "Así se entrena a sí mismo".

(4) "Calmando las formaciones corporales, respiro", así se entrena.

P. **¿Qué son las formaciones corporales?**

R. El meditador inhala y exhala con esas formaciones corporales por medio de las cuales hay inclinación hacia abajo, el agacharse, el inclinarse hacia todos los lados, el inclinarse hacia delante, el moverse, el estremecerse, el temblar y sacudirse.[20] Y de nuevo, él calma las formaciones corporales burdas y [entonces] practica la primera meditación *jhāna*, por medio de las formaciones corporales sutiles. A partir de allí, [practica avanzando] a la segunda meditación *jhāna*, por medio de las formaciones corporales más sutiles. Desde allí, él avanza a la tercera meditación *jhāna*, por medio de las formaciones corporales aún más sutiles. Desde allí, él avanza hasta la cuarta meditación *jhāna*, habiendo hecho cesar (las formaciones corporales) sin remanente [alguno de las mismas].

P. **Si él causa el fin de la respiración sin remanente,[21] ¿Cómo es capaz de practicar la atención plena en la respiración?**

R. Debido a que el meditador ha captado bien las características generales, la imagen [el signo; *nimitta*] se manifiesta [o permanece] incluso cuando las respiraciones no están presentes. Y debido a estas características, él es capaz de desarrollar la imagen y entrar en la meditación *jhāna*.

(5) "Experimentando el gozo (*pīti*) a través del objeto, inhalo, así se entrena". El meditador atiende a la respiración. Despierta gozo en las dos [primeras] meditaciones *jhāna*. Este gozo puede ser conocido a través de dos formas: a través de la no-confusión y a través del objeto.[22] Aquí el meditador entra en la concentración y experimenta gozo mediante la no-confusión, mediante la investigación, mediante la superación, y mediante el objeto.

(6) "Experimentando felicidad (*sukha*), inhalo, así se entrena": El meditador atiende a la respiración y despierta felicidad en [las primeras] tres meditaciones *jhāna*. Esta felicidad puede ser conocida mediante dos formas: mediante la no-confusión y mediante el objeto. El resto es como fue enseñado en su totalidad anteriormente.

(7) "Experimentando las formaciones mentales, inhalo, así se entrena": "Formaciones mentales" significa: la sensación y la percepción. Despierta estas formaciones mentales en las cuatro meditaciones *jhāna* y conoce esto mediante dos formas: a través de la no-confusión y a través del objeto. El resto es como se ha enseñado en su totalidad anteriormente.

(8) "Calmando las formaciones mentales, inhalo, así se entrena": Las formaciones mentales se llaman: sensación y percepción. Calma las formaciones mentales burdas y se entrena a sí mismo. El resto es como se ha enseñado en su totalidad anteriormente.

(9) "Experimentando la mente, inhalo, así se entrena": Atiende la inhalación que entra y la exhalación que sale. La mente es consciente del entrar y salir del objeto mediante dos formas: a través de la no-confusión y a través del objeto. El resto es como fue enseñado en su totalidad anteriormente.

(10) "Alegrando la mente, inhalo, así se entrena": Alegría significa regocijo [gozo, *pīti*]. En las dos [primeras] meditaciones *jhāna*, él hace que la mente se exulte. Así se entrena a sí mismo. El resto es como fue enseñado en su totalidad anteriormente.

(11) "Concentrando la mente, inhalo, así se entrena": Ese meditador atiende a la inhalación y la exhalación. A través de la atención plena y la meditación *jhāna*, hace que la mente establezca la atención en el objeto. Posicionando bien la mente, la establece.[23] Así se entrena.

(12) "Liberando la mente, inhalo, así se entrena": el meditador atiende a la inhalación y la exhalación. Si su mente es lenta y carente de firmeza, la libera de la rigidez. Si es demasiado activa, la libera de la agitación. Así se entrena. Si su mente está exaltada, la libera de la sensualidad. Así se entrena. Si está deprimida, la libera de la aversión. Así se entrena. Si

su mente esta manchada, la libera de las impurezas menores.[24] Así se entrena. Y de nuevo, si su mente no está inclinada hacia el objeto y no está satisfecha con el mismo, entonces el meditador hace que su mente se incline hacia dicho objeto. Así se entrena.

(13) "Discerniendo la transitoriedad, inhalo, así se entrena": El meditador atiende a la inhalación y la exhalación. Discierne la inhalación y la exhalación, el objeto de la inhalación y la exhalación, la mente y los factores mentales, y su surgimiento y cese. Así se entrena.

(14) "Discerniendo el desapasionamiento, inhalo, así se entrena": El meditador atiende a la inhalación y la exhalación (pensando) así: "Esto es transitoriedad; esto es desapasionamiento; esto es el cese; esto es *Nibbāna*". Así es como respira y se entrena.

(15) "Discerniendo el cese, inhalo, así se entrena": Discerniendo muchos impedimentos, de acuerdo con la realidad, (el meditador piensa): "Estos son transitorios, la destrucción de éstos es el cese, *Nibbāna*". Así, con visión tranquilizada se entrena a sí mismo.

(16) "Discerniendo la renuncia, inhalo, así se entrena": Discerniendo la tribulación de acuerdo con la realidad, (piensa): "Estas [cosas] son transitorias" y liberándose a sí mismo de la tribulación, permanece en la paz del cese, *Nibbāna*. Así se entrena a sí mismo y alcanza la dicha. Lo tranquilo y sublime debe entenderse así: "Todas las actividades han sido llevadas a la quietud. Todas las impurezas han sido abandonadas. La avidez [el deseo] ha sido destruida. La pasión está ausente. Es la paz del apagarse".[25]

De estos dieciséis apartados, los primeros doce cumplen con la serenidad e introspección (*samatha-vipassanā*) y se disciernen como transitoriedad. Los cuatro últimos cumplen sólo con el conocimiento introspectivo (*vipassanā*). Así debe ser entendida la serenidad y la introspección.[26]

Y de nuevo, todos estos [entrenamientos] son de cuatro clases. La primera es la práctica que conduce completar el discernimiento. Hay un momento en que uno discierne (la transitoriedad) mediante el atender a la inhalación y la exhalación. Esto se conoce como el conocimiento de lo largo y lo corto mediante la práctica. Calmando las formaciones corporales y mentales, alegrando la mente, concentrando la mente y liberando la mente: esto es llamado el surgimiento del conocimiento del cuerpo completo [de la respiración], la dicha y las formaciones mentales. "Experimentando la mente" significa: "El completar el discernimiento". "Hay un momento en que uno discierne" y así sucesivamente, se refiere a las cuatro actividades [entrenamientos] que siempre inician con el discernimiento de la transitoriedad.

Y de nuevo, la práctica significa la consecución de un estado (de meditación *jhāna*) mediante la atención plena a la respiración. Esta es la práctica. A través de esta atención plena a la respiración, uno alcanza el estado que surge junto con (o sin) la aplicación mental inicial [*vitakka*]. Ese es el estado que posee aplicación mental inicial y exploración mental sostenida [*vicāra*], y el estado que posee solo la exploración mental sostenida.[27] La experiencia de gozo [*pīti*] es el estado de la segunda meditación *jhāna*. La experiencia de la felicidad [*sukha*] es el estado de la tercera meditación *jhāna*. La experiencia de la mente es el estado de la cuarta meditación *jhāna*.

Y de nuevo, todos estos son de dos tipos, es decir: la práctica y el logro [*paṭipatti-paṭivedha*]. Esta práctica, tal como está incluida en el logro, no causa disminución de las dieciséis bases. La práctica es como una semilla, pues es la causa del mérito. El logro es como una flor o un fruto, ya que procede de algo similar.

Si la atención plena en la respiración es practicada, los cuatro fundamentos de la atención se cumplen. Si los cuatro fundamentos de la atención son practicados, los siete factores de la iluminación se logran. Si los siete factores de la iluminación son practicados, la liberación y la sabiduría se logran.[28]

### Los cuatro fundamentos de la atención

P. **¿Cómo se logra tal estado?**

R. El fundamento de la atención, que comienza con las inhalaciones y exhalaciones largas es la revisión del cuerpo. Lo que comienza con la experiencia del gozo es la revisión de las sensaciones. Lo que comienza con la experiencia de la mente es la revisión de la mente. Eso que comienza con el discernimiento de la transitoriedad es la revisión de los estados o fenómenos de la experiencia. Por lo tanto, uno que practica la atención plena en la respiración cumple los cuatro fundamentos de la atención.[29]

### Los siete factores de la iluminación

P. **¿Cómo se logran los siete factores de la iluminación mediante la práctica de los cuatro fundamentos de la atención?**

R. Si el meditador practica los cuatro fundamentos de la atención, él es capaz de morar sin confusión en la atención plena; esto se llama el factor de la iluminación de la atención plena. Ese meditador, al morar en la atención plena, investiga lo que está sujeto al sufrimiento, la transitoriedad y los fenómenos; esto se llama el factor de iluminación de investigación de estados. Indagando acerca de los estados (*dhammas*) así, se esfuerza sinceramente sin relajarse; esto se llama el factor de iluminación del esfuerzo. Desarrollando el esfuerzo, hace despertar el gozo que está impoluto; a esto se le llama el factor de iluminación del gozo. A través de la mente estando llena de gozo, su cuerpo y mente están dotados de tranquilidad; esto se llama el factor de iluminación de la tranquilidad. A través de esta tranquilidad su cuerpo logra comodidad y su mente posee concentración; a esto se le llama el factor de iluminación de la concentración. Debido a la concentración, su mente adquiere ecuanimidad; a esto se le llama el factor de iluminación de la ecuanimidad. Por lo tanto, debido a la práctica de los cuatro fundamentos de la atención plena, los siete factores de la iluminación se cumplen.[30]

P. **¿Cómo son logradas la libertad y la sabiduría mediante la práctica de los siete factores de la iluminación?**

R. El meditador que ha practicado mucho los siete factores de iluminación, gana en un momento[31] la sabiduría de la vía y el fruto de la liberación. Así, debido a la práctica de los siete factores de la iluminación, la sabiduría y la liberación se cumplen.[32]
R. Todas las formaciones (*saṅkhārā*) están dotadas de aplicación inicial y exploración sostenida de la mente según los planos [de existencia] (*bhūmi*).

P. **Siendo así, ¿por qué sólo la aplicación inicial (*vitakka*) de la mente es suprimida en la atención plena a la respiración y no los otros [factores]?**

R. *Vitakka* es utilizada aquí en un sentido diferente. La discursividad es un impedimento para la meditación *jhāna*. En este sentido, ésta es suprimida.

P. **¿Por qué es agradable el contacto del aire?**

R. Es debido a que calma la mente. Es comparable con la mente tranquilizada a través de los dulces sonidos de un músico divino (*gandhabba*). Por este medio, el pensamiento discursivo se suprime. Y de nuevo, es como una persona que camina a lo largo de la orilla de un río. Su mente se recoge, se dirige hacia el objeto y no divaga. Por lo tanto, en la atención plena en la respiración, se enseña la supresión del pensamiento discursivo.[33]

*La atención plena en la respiración ha concluido.*

# NOTAS - *VIMUTTIMAGGA* (CAPÍTULO 8)

1. Sv 321-22: *Ānāpānasati samādhi bhāvito bahulīkato santo ceva paṇīto ca asecanako ca sukho ca vihāro uppannupanne ca pāpake akusale dhamme ṭhānaso antaradhāpeti vūpasameti.*

[La concentración basada en la atención plena a la respiración (*ānāpānasatisamādhi*) desarrollada (*bhāvito*), practicada frecuentemente (*bahulīkato*), es tranquila (*santo ceva*), refinada (*paṇīto ca*), autosuficiente (*asecanako ca*), y constituye una morada feliz (*sukho ca vihāro*). Además, los estados dañinos e inhábiles que han surgido (*uppannupanne ca pāpake akusale dhamme*) los elimina rápidamente (*ṭhānaso antaradhāpeti*) y los pacifica (*vūpasameti*)].

2. Sv 316: *Ānāpānasatisamādhissa bhikkhave bhāvitattā bahulīkatatta neva kāyassa iñjitattaṁ vā hoti phanditattaṁ vā na cittassa iñjitattaṁ vā hoti phanditattaṁ vā.*

[Bhikkhus, debido al desarrollo (*bhāvitattā*) y la frecuente práctica (*bahulīkatattā*) de la concentración basada en la atención plena a la respiración (*ānāpānasatisamādhi*), no hay agitación (*iñjitattaṁ*) ni tremor (*phanditattaṁ*) del cuerpo (*kāyassa*), ni hay agitación ni tremor de la mente (*cittassa*)].

3. Sv 326: *Ānāpānasatisamādhiṁ sammāvadamāno vadeyya ariyavihāro iti pi brahmavihāro iti pi tathāgatavihāro iti pī ti.*

[Hablando correctamente (*sammāvadamāno vadeyya*) sobre la concentración basada en la atención plena de la respiración (*ānāpānasatisamādhiṁ*), se puede decir: "Es una morada noble" (*ariyavihāro iti pi*), "es una morada sublime" (*brahmavihāro iti pi*), o "es una morada del Tathāgata" (*tathāgatavihāro iti pi*)].

4. Sv 311-12: *Idha bhikkhave bhikkhu araññagato vā rukkhamūlagato vā suññagāragato vā nisīdati pallaṅkaṁ ābhujitvā ujuṁ kāyaṁ paṇidhāya parimukhaṁ satiṁ upaṭṭhapetvā so sato vā assasati sato passasati. Dīghaṁ vā assasanto dīghaṁ assasāmīti pajānāti, dīghaṁ vā passasanto dīghaṁ passasāmīti pajānāti. Rassaṁ vā assasanto rassaṁ assasāmīti pajānāti, rassaṁ vā passasanto rassaṁ passasāmīti pajānāti. Sabbakāyapaṭisaṁvedī assasissāmīti sikkhati, sabbakāyapaṭisaṁvedī passasissāmīti sikkhati. Passambhayaṁ kāyasaṅkhāraṁ assasissāmīti sikkhati, passambhayaṁ kāyasaṅkhāraṁ passasissāmīti sikkhati. Pītipaṭisaṁvedī assasissāmīti sikkhati, pītipaṭisaṁvedī passasissāmīti sikkhati. Sukhapaṭisaṁvedī assasissāmīti sikkhati, sukhapaṭisaṁvedī passasissāmīti sikkhati.*

*Cittasaṅkhārapaṭisaṁvedī assasissāmīti sikkhati, cittasaṅkhārapaṭisaṁvedī passasissāmīti sikkhati. Passambhayaṁ cittasaṅkhāraṁ assasissāmīti sikkhati, passambhayaṁ cittasaṅkhāraṁ passasissāmīti sikkhati. Cittapaṭisaṁvedī assasissāmīti sikkhati, cittapaṭisaṁvedī passasissāmīti sikkhati. Abhippamodayaṁ cittaṁ assasissāmīti sikkhati, abhippamodayaṁ cittaṁ passasissāmīti sikkhati. Samādahaṁ cittaṁ assasissāmīti sikkhati, samādahaṁ cittaṁ passasissāmīti sikkhati. Vimocayaṁ cittaṁ assasissāmīti sikkhati, vimocayaṁ cittaṁ passasissāmīti sikkhati. Aniccānupassī assasissāmīti sikkhati, aniccānupassī passasissāmīti sikkhati. Virāgānupassī assasissāmīti sikkhati, virāgānupassī passasissāmīti sikkhati. Nirodhānupassī assasissāmīti sikkhati, nirodhānupassī passasissāmīti sikkhati. Paṭinissaggānupassī assasissāmīti sikkhati, paṭinissaggānupassī passasissāmīti sikkhati.*

[Aquí, bhikkhus, un bhikkhu que ha ido al bosque (*araññagato vā*), a la raíz de un árbol (*rukkhamūlagato vā*), o a una morada vacía (*suññagāragato vā*), se sienta cruzando las piernas (*nisīdati pallaṅkaṁ ābhujitvā*), estableciendo su cuerpo recto (*ujuṁ kāyaṁ paṇidhāya*) y ubicando la atención plena delante de él (*parimukhaṁ satiṁ upaṭṭhapetvā*). Consciente (*sato*), inhala (*vā assasati*) y exhala (*vā passasati*).

Al inhalar largo (*dīghaṁ vā assasanto*), comprende: "Inhalo largo" (*dīghaṁ assasāmīti pajānāti*); al exhalar largo (dīghaṁ vā passasanto), comprende: "Exhalo largo" (*dīghaṁ passasāmīti pajānāti*). Al inhalar corto (*rassaṁ vā assasanto*), comprende: "Inhalo corto" (*rassaṁ assasāmīti pajānāti*); al exhalar corto (*rassaṁ vā passasanto*), comprende: "Exhalo corto" (*rassaṁ passasāmīti pajānāti*).

Se entrena así (*sikkhati*): "Percibiré el cuerpo completo [de la respiración] mientras inhalo" (*sabbakāyapaṭisaṁvedī assasissāmīti*), y "percibiré el cuerpo completo mientras exhalo" (*sabbakāyapaṭisaṁvedī passasissāmīti*). Se entrena: "Calmaré las formaciones corporales mientras inhalo" (*passambhayaṁ kāyasaṅkhāraṁ assasissāmīti*), y "calmaré las formaciones corporales mientras exhalo" (*passambhayaṁ kāyasaṅkhāraṁ passasissāmīti*)".

Se entrena así: "Experimentaré gozo mientras inhalo" (*pītipaṭisaṁvedī assasissāmīti*), y "experimentaré gozo mientras exhalo" (*pītipaṭisaṁvedī passasissāmīti*). Se entrena: "Experimentaré felicidad mientras inhalo" (*sukhapaṭisaṁvedī assasissāmīti*), y "experimentaré felicidad mientras exhalo" (*sukhapaṭisaṁvedī passasissāmīti*).

Se entrena así: "Percibiré las formaciones mentales mientras inhalo" (*cittasaṅkhārapaṭisaṁvedī assasissāmīti*), y "percibiré las formaciones mentales mientras exhalo" (*cittasaṅkhārapaṭisaṁvedī passasissāmīti*). Se entrena: "Calmaré las formaciones mentales mientras inhalo" (*passambhayaṁ cittasaṅkhāraṁ assasissāmīti*), y "calmaré las formaciones mentales mientras exhalo" (*passambhayaṁ cittasaṅkhāraṁ passasissāmīti*).

Se entrena así: "Experimentaré la mente mientras inhalo" (*cittapaṭisaṁvedī assasissāmīti*), y "experimentaré la mente mientras exhalo" (*cittapaṭisaṁvedī passasissāmīti*). Se entrena: "Alegraré la mente mientras inhalo" (*abhippamodayaṁ cittaṁ assasissāmīti*), y "alegraré la mente mientras exhalo" (*abhippamodayaṁ cittaṁ passasissāmīti*).

Se entrena así: "Estableceré la mente en concentración mientras inhalo" (*samādahaṁ cittaṁ assasissāmīti*), y "estableceré la mente en concentración mientras exhalo" (*samādahaṁ cittaṁ passasissāmīti*). Se entrena: "Liberaré la mente mientras inhalo" (*vimocayaṁ cittaṁ assasissāmīti*), y "liberaré la mente mientras exhalo" (*vimocayaṁ cittaṁ passasissāmīti*).

Se entrena así: "Contemplaré la transitoriedad mientras inhalo" (*aniccānupassī assasissāmīti*), y "contemplaré la transitoriedad mientras exhalo" (*aniccānupassī passasissāmīti*). Se entrena: "Contemplaré el desapego mientras inhalo" (*virāgānupassī assasissāmīti*), y "contemplaré el desapego mientras exhalo" (*virāgānupassī passasissāmīti*).

Se entrena así: "Contemplaré el cese mientras inhalo" (*nirodhānupassī assasissāmīti*), y "contemplaré el cese mientras exhalo" (*nirodhānupassī passasissāmīti*). Se entrena: "Contemplaré el abandono mientras inhalo" (*paṭinissaggānupassī assasissāmīti*), y "contemplaré el abandono mientras exhalo" (*paṭinissaggānupassī passasissāmīti*)].

5. Mp. III, 202; Spk. I, 238: *Parimukhaṁ satiṁ upaṭṭhapetvā ti, kammaṭṭhān' abhimukkhaṁ satiṁ ṭhapayitvā, mukha-samīpe vā katvā ti attho. Ten' eva Vibhange, "ayaṁ sati upaṭṭhitā hoti sūpaṭṭhitā nāsik' agge vā mukha-nimitte vā Tena vuccati "parimukhaṁ satiṁ upaṭṭhapetvā"* (Vbh, 252) *ti.*

[*Parimukhaṁ satiṁ upaṭṭhapetvā* significa: estableciendo la atención plena hacia el objeto de meditación al frente, o colocándola cerca de la boca, ese es el significado. Por eso, en el Vibhaṅga, se dice: "Esta atención plena está establecida, bien establecida, con el signo en la entrada (*mukha-nimitte*), ya sea en la punta de la nariz o en la boca. Por ello se dice: 'Estableciendo la atención plena frente a sí'" (Vbh, 252)].

6. Cp. Pts. 165: *Assāsādimajjhapariyosānaṁ satilla anugacchato ajjhattaṁ vikkhepagatena cittena kāyo pi cittaṁ pi sāraddhā ca honti iñjita ca phanditā ca, assāsādimajjhapariyosānaṁ satiyā anugacchato bahiddhā vikkhepagatena cittena kāyo pi ... phanditā ca.*

[Cuando alguien sigue atendiendo (*satilla anugacchato*) el comienzo, el medio y el final de las inhalaciones y exhalaciones (*assāsādimajjhapariyosānaṁ*) con una mente distraída hacia lo interno (*ajjhattaṁ vikkhepagatena cittena*), tanto el cuerpo como la mente están agitados (*kāyo pi cittaṁ pi sāraddhā ca honti*), inestables (*iñjita ca*), ... y están con tremor (*phanditā ca*)].

7. Cp. Pts. I, 171: *Seyyathāpī rukkho same bhūmibhāge nikkhitto, tamenaṁ puriso kakacena chindeyya, rukkhe phuṭṭhakakacadantānaṁ vasena purisassa sati upaṭṭhitā hoti, na āgate vā gate vā kakacadante manasikaroti, na āgatā vā gata vā kakacadantā avidita honti, padhānañ ca paññāyati, payogañ ca sādheti, visesaṁ adhigacchati: Yathā rukkho same bhūmibhāge nikkhitto, evaṁ upanibandhanā nimittaṁ, yathā kakacadantā evaṁ assāsa- passasa, yathā rukkhe phuṭṭhakakacadantānaṁ vasena purisassa sati upaṭṭhitā hoti, na āgate vā gate vā kakacadante manasikaroti, na āgatā vā gatā vā kakacadantā avidita honti, padhānañ ca paññāyati, payogañ ca sādheti, visesaṁ adhigacchati-evamevaṁ bhikkhu nāsikagge vā mukhanimitte vā satiṁ upaṭṭhapetvā nisinno hoti, na āgate vā gate vā assāsapassāse manasikaroti na āgatā vā gata vā assāsapassāsā avidita honti, padhānañ ca paññāyati, payogañ ca sādheti, visesaṁ adhigacchati.*

[Así como un árbol (*rukkho*) plantado en un terreno nivelado (*same bhūmibhāge*), si una persona (*puriso*) lo cortara con una sierra (*kakacena*), en forma similar al contacto (*phuṭṭha*) de los dientes de la sierra (*kakacadantānaṁ*) con el árbol, la atención plena (*sati*) de esa persona quedaría establecida (*upaṭṭhitā hoti*) [en el punto de contacto]; no presta atención (*manasikaroti*) a los dientes de la sierra (*kakacadante*) que vienen (*āgate vā*) o que van (*gate vā*), pero [al mismo tiempo] no quedan [del todo] desconocidos (*avidita honti*). Percibe el esfuerzo principal (*padhānaṁ paññāyati*), completa su tarea (*payogaṁ sādheti*) y alcanza el progreso (*visesaṁ adhigacchati*).

De la misma manera que el árbol plantado en un terreno nivelado sirve como base (*upanibandhanā*), así también el objeto [signo] de soporte (*nimittaṁ*) se convierte en un punto de referencia. En forma similar al contacto de los dientes de la sierra con el árbol, la atención plena de esa persona queda establecida (*upaṭṭhitā hoti*) [en el signo]; no presta atención (*manasikaroti*) a los dientes de la sierra que vienen o que van, pero no quedan [del todo] desconocidos (*avidita honti*). Percibe el esfuerzo principal (*padhānaṁ paññāyati*), completa su tarea (*payogaṁ sādheti*) y alcanza el progreso (*visesaṁ adhigacchati*).

De igual modo, un bhikkhu que se sienta estableciendo la atención plena (*satiṁ upaṭṭhapetvā*) en la punta de la nariz (*nāsikagge vā*) o en el signo de la boca [signo de la entrada] (*mukhanimitte vā*), no presta atención al ir y venir de las inhalaciones y exhalaciones (*assāsa-passāsā*), pero no quedan [del todo] desconocidas. Percibe el esfuerzo principal, completa su tarea y alcanza el progreso].

NT: En este símil debe entenderse que la atención plena es establecida inicialmente en el "punto de contacto táctil" del aire cuando el practicante inhala y exhala –y posteriormente en el signo (*nimitta*)–, sin perder del todo el contexto general de la respiración; así como un leñador que establece la atención al punto de contacto de los dientes de la sierra al tiempo en que tiene conciencia de que la sierra va y viene. El estar *plenamente* atento incluye la atención *directa* al punto de contacto y la atención *indirecta* al movimiento general de la sierra.

8. Vis, 285: *Api ca kho kassaci sukhasamphassaṁ uppādayamāno, tūlapicu viya, kappāsapicu viya, vātadhārā viya ca upaṭṭhtātī ti ekacce āhu. Ayaṁ pana aṭṭhakathāsu vinicchayo: - ...*

[Además, al producir contacto placentero (*sukhasamphassaṁ uppādayamāno*) para alguien, se dice que es como un copo de algodón (*tūlapicu viya*), como una fibra de algodón (*kappāsapicu viya*), o como una corriente de viento (*vātadhārā viya ca upaṭṭhtātī*), según dicen algunos (*ekacce āhu*). Sin embargo, en los comentarios (*aṭṭhakathāsu*), este es el veredicto definitivo (*ayaṁ pana vinicchayo*): ...].

9. Cp. Vis, 286: *Athā'nena taṁ nimittaṁ neva vaṇṇato manasikātabbaṁ, na lakkhaṇato paccavekkhitabbaṁ.*

[Por lo tanto, ese signo (*taṁ nimittaṁ*) no debe ser considerado (*neva manasikātabbaṁ*) en términos de color (*vaṇṇato*), ni examinado (*paccavekkhitabbaṁ*) en términos de características (*lakkhaṇato*)].

10. Cp. *Manual of a Mystic* (traducción de la PTS del *Yogāvacara's Manual* 8 ff).

11. NT: Esta descripción es similar a la descripción en el *Visuddhimagga*, para una aclaración y discusión extensa de este punto, ver: Ajahn Sona, "*The Mystery of the Breath Nimitta*" or, *The Case of the Missing Simile An Essay on Aspects of the Practice of Breath Meditation Ajahn-Sona-The-Mystery-of-the-Breath-Nimitta.pdf* Birken Forest Buddhist Monastery. De entrada, no es lógico que se experimenten sensaciones táctiles cuando el signo de contraparte es propio de la esfera de la materialidad sutil, en la cual el sentido del tacto se encuentra inerte. En dicha esfera las bases

sensoriales activas son el ojo, el oído y la mente, por lo tanto, el signo de contraparte es una imagen mental visual, auditiva o mental, derivada del llamado signo de trabajo, preliminar, o de aprendizaje (*uggaha nimitta*), el cual ciertamente es una percepción derivada del contacto táctil del aire con el tejido sensitivo del "cuerpo físico". Finalmente, el signo de contraparte es parte de lo que constituye el llamado "cuerpo mental", constituido exclusivamente de formaciones mentales. Más adelante el texto dice: "*Si su mente se vuelve clara, el meditador no experimenta confusión*". La clarificación consiste en la clara distinción entre los signos físicos y mentales, tal como se describe en esta nota.

12. Posiblemente *Porānā.*

NT: lo cual significa: "los antiguos" o "los antiguos maestros". Es un término que a menudo se utiliza en los textos pāli para referirse a los comentaristas tradicionales o maestros de generaciones anteriores cuya interpretación o sabiduría se considera relevante y autorizada.

13. Vis, 278: *Tarāyam manasikāravidhi: - gaṇanā, anubandhanā, phusanā, ṭhapanā.*

[El método de atención (*manasikāravidhi*) progresivo consta de cuatro etapas: conteo (*gaṇanā*), seguimiento continuo (*anubandhanā*), contacto (*phusanā*), y establecimiento (*ṭhapanā*)].

Aquí es interesante notar que el venerable Buddhaghosa Thera no atribuye esta enseñanza a "*ekacce*", como lo hace usualmente; tampoco recurre al Aṭṭhakathā [el comentario] como autoridad al respecto.

NT: "*Ekacce*" significa "algunos" o "ciertos" en pāli. Es un término utilizado para referirse a un grupo o a individuos específicos dentro de un contexto más amplio, generalmente en contraste con un grupo general o universal.

14. Este párrafo no es claro. La falta de inteligibilidad no es una característica poco común en este texto [de origen] chino. Las citas (1) y (2) no están completas. El resto, (3) a (16) provienen de S, V, 311-12, citadas anteriormente.

15. NT: *Sabhāva*, traducido como "naturaleza propia" o "intrínseca", también se define como "característica propia" o "existencia propia". El término se emplea para indicar la naturaleza específica o cualidad inherente de algún fenómeno; en otras palabras, el modo de ser de algo de forma directa, sin agregados conceptuales. En la tradición Theravada *sabhāva* se entiende como una característica funcional pero no implica una esencia fija o inmutable. En este contexto, la intención del texto

es prevenir al meditador de imputar significados adicionales al signo (*nimitta*), es decir, evitar la interpretación subjetiva que conduzca a apegos o ilusiones. Así, la práctica correcta consistirá en solo observar el *nimitta* directamente, sin conceptualizarlo ni proyectar sobre él cualidades que no le pertenecen.

16. NT: Inicialmente son los factores físicos que son propios de la esfera del deseo sensorial, posteriormente —cuando se establece el *jhāna*— los factores físico-mentales son propios de la esfera de la materia (o materialidad) sutil.

17. Cp. S. V, 329-30: *Kāyaññatarāhaṁ Ānanda etaṁ vadāmi yad idaṁ assāsapassāsaṁ.*

[Ānanda, yo digo que entre las formaciones corporales (*kāyaññatarā*) se incluye precisamente (*etaṁ vadāmi yad idaṁ*) la inhalación y la exhalación (*assāsapassāsaṁ*)].

NT: S 54 (*Ānāpānasaṃyutta*): "*Yo digo, Ānanda, que en esto consiste el cuerpo, es decir, en la inhalación y la exhalación*". De allí que a menudo se hace referencia al "cuerpo de la respiración". El texto establece claramente que dicho cuerpo consiste en una parte física y otra mental, esto se explica en la nota 11, junto con el aspecto de la esfera en la que moran dichos factores corporales.

18. As. 38, Sec. 93: *Tasmiṁ kho pana samaye dhammā honti dhammesu dhammānupassī viharatī ti ādisu nissattanijjīvatāyam. Svāyam idhāpi nissattanijjīvatāyam eva vattati.*

[En ese momento (*tasmiṁ kho pana samaye*), los fenómenos (*dhammā honti*) están presentes; y uno permanece contemplando los fenómenos en los fenómenos (*dhammesu dhammānupassī viharatī ti*); en relación con la ausencia de un ser o una esencia vital [inherente] (*nissattanijjīvatāyam*). Esta misma ausencia de ser o esencia vital (*nissattanijjīvatāyam eva*) también se aplica aquí (*idhāpi vattati*)].

NT: En el comentario (Aṭṭhasālinī), se explica que la contemplación de los *dhammas* o fenómenos de la experiencia debe realizarse entendiendo la ausencia de un "yo" o una entidad permanente. Esto enfatiza la doctrina de *anatta* (*no yo*) en la práctica de la meditación.

19. Pts I, 184: *Sabbakāyapaṭisaṁvedī assāsapassāsānaṁ saṁvaraṭṭhena sīlavisuddhi, avikkhepaṭṭhena cittavisuddhi, dassanaṭṭhena diṭṭhivisuddhi; yo tattha saṁvaraṭṭho ayaṁ adhisīlasikkhā, yo tattha avikkhepaṭṭho ayaṁ adhicittasikkhā, yo tattha dassanaṭṭho ayaṁ adhipaññāsikkhā.*

[Aquel que experimenta todo el cuerpo [mientras observa] la inhalación y la exhalación: con el propósito de restricción, esto es la purificación de la virtud (*sīlavisuddhi*); con el propósito de no distraerse, esto es la purificación de la mente (*cittavisuddhi*); con el propósito del conocimiento introspectivo, esta es la purificación de la comprensión correcta (*diṭṭhivisuddhi*). El aspecto de la restricción es el entrenamiento de la virtud superior (*adhisīlasikkhā*), el aspecto de la no distracción es el entrenamiento superior de la mente (*adhicittasikkhā*), y el aspecto del [desarrollo] del conocimiento introspectivo es el entrenamiento de la sabiduría superior (*adhipaññāsikkhā*)].

20. Pts. I, 184-5: *Yathārūpehi kāyasaṅkhārehi yā kāyassa ānamanā, vinamanā, sannamanā, paṇamanā, iñjanā, phandanā, calanā, kampanā 'passambhayaṁ kāyasaṅkhāraṁ assasissāmīti' sikkhati, 'passambhayaṁ kāyasaṅkhāraṁ passasissāmīti' sikkhati.*

[Con tales formaciones corporales [como la respiración] (*yathārūpehi kāyasaṅkhārehi*), mediante las cuales se producen las inclinaciones hacia adelante (*ānamanā*), las inclinaciones hacia atrás (*vinamanā*), las flexiones (*sannamanā*), las extensiones (*paṇamanā*), los movimientos (*iñjanā*), las vibraciones [tremores] (*phandanā*), los desplazamientos (*calanā*) y las oscilaciones (*kampanā*) del cuerpo (*kāyassa*), uno se entrena (*sikkhati*) así: "Calmaré las formaciones corporales mientras inhalo" (*passambhayaṁ kāyasaṅkhāraṁ assasissāmīti*), y "Calmaré las formaciones corporales mientras exhalo" (*passambhayaṁ kāyasaṅkhāraṁ passasissāmīti*)].

21. D. III, 266: *Catutthajjhānaṁ samāpanassa assāsa-passāsa niruddhā honti.*

[Al alcanzar el cuarto *jhāna* (*catutthajjhānaṁ samāpanassa*), la inhalación y la exhalación (*assāsa-passāsa*) cesan (*niruddhā honti*)].

22. Vis, 287: *Tattha dvīhākārehi pīti paṭisaṁviditā hoti; ārammaṇato ca asammohato ca. Kathaṁ ārammaṇato pīti paṭisaṁviditā hoti? Sappītike dve jhāne samāpajjati: tassa samāpattikkhaṇe jhanāpaṭilābhena ārammaṇato piti paṭisaṁviditā hoti, ārammaṇassa paṭisaṁviditattā. Kathaṁ asammohato? Sappītike dve jhāne samāpajjitvā vuṭṭhāya jhānasampayuttaṁ pītiṁ khayato vayato sammāsati, tassa vipassanākkhane lakkhaṇapaṭivedhena asammohato pīti paṭisaṁviditā hoti.*

[Aquí, el gozo (*pīti*) es comprendido (*paṭisaṁviditā hoti*) de dos maneras (*dvīhākārehi*): a través del objeto (*ārammaṇato*) y a través de la no confusión (*asammohato*). ¿Cómo se comprende el gozo a través del objeto? Al entrar en los dos *jhānas* asociados con gozo (*sappītike dve jhāne samāpajjati*), ese gozo es comprendido debido a la experiencia directa (*tassa paṭisaṁviditattā*). ¿Y cómo se comprende el gozo a través de la no confusión (*kathaṁ ca asammohato*)? Al entrar en los dos *jhānas* asociados con gozo (*sappītikedvejhānesamāpajjitvā*) y al emerger de ellos (*vuṭṭhāya*), contempla correctamente (*sammāsati*) el gozo asociado al *jhāna* (*jhānasampayuttaṁ pītiṁ*) en términos de desaparición y desintegración (*khayato vayato*). En el momento del conocimiento introspectivo (*vipassanākkhane*), a través de la realización de las características (*lakkhaṇapaṭivedhena*), el gozo es comprendido sin confusión (*asammohato pīti paṭisaṁviditā hoti*)]. NT: Es decir, el primer tipo de gozo es el derivado del *samādhi*, el segundo es el que se deriva del conocimiento introspectivo (*vipassanā*).

23. Pts. I, 191: *Dīghaṁ assāsavasena cittassa ekaggata avikkhepo samādhi, dīghaṁ passāsavasena..., ya cittassa ṭhiti saṇṭhiti avaṭṭhiti avisāhāro avikkhepo...*

[A través de la inhalación larga (*dīghaṁ assāsavasena*), la unificación de la mente (*cittassa ekaggatā*) y la ausencia de distracción (*avikkhepo*) constituyen la concentración (*samādhi*). De manera similar, a través de la exhalación larga (*dīghaṁ passāsavasena*), la unificación de la mente y la ausencia de distracción constituyen la concentración. Esa concentración incluye la estabilidad [o el establecimiento] de la mente (*cittassa ṭhiti*), el establecimiento firme (*saṇṭhiti*), la permanencia (*avaṭṭhiti*), la ausencia de oscilación (*avisāhāro*), y la ausencia de distracción].

24. NT: El lector debe tener presente que en esta sección "liberando la mente" no se refiere a la liberación final respecto al sufrimiento, sino a la liberación temporal respecto a los impedimentos (*nīvaraṇa*) y las dieciséis impurezas (*upakkilesa*) mentales. Para una descripción de estos impedimentos e impurezas, ver: Nyanatiloka Thera, *Diccionario Budista. Manual de términos y doctrinas budistas*, pp. 133, 226, BPS Pariyatti Editions (2024).

25. S. I, 136; A. V, 8: *Etam santaṁ, etam paṇītaṁ, yad idaṁ sabbasaṅkhārasamatho sabb'ūpadhipaṭinissaggo taṇhakkhayo virago nirodho nibbānan ti.*

[Esto es pacífico (*etam santaṁ*), esto es sublime (*etam paṇītaṁ*), es decir, el apaciguamiento de todas las formaciones (*yad idaṁ sabbasaṅkhārasamatho*), el abandono de todos los apegos (*sabb'ūpadhipaṭinissaggo*), el fin del anhelo (*taṇhakkhayo*), el desapego (*virago*), el cese (*nirodho*), *Nibbāna*]. NT: El "apagarse" es el término para indicar la idea de que Nibbāna es como el apagarse o extinguirse de la llama de una vela cuando las condiciones que la mantienen cesan.

26. Vis, 291: *Idaṁ catutthacatukkhaṁ suddhavipassanā vasen'eva vuttaṁ. Purimāni pana tīṇi samathavipassanā vasena. Evaṁ catunnañ catukkāranaṁ vasena soḷasavatthukāya ānāpānasatiyā bhāvanā veditabbā.* [Este cuarto grupo de cuatro (*idaṁ catutthacatukkhaṁ*) se explica en términos de conocimiento introspectivo claro (*suddhavipassanā vasen'eva vuttaṁ*). Sin embargo, los tres primeros grupos [tétradas] (*purimāni pana tīṇi*) se explican en términos de serenidad y conocimiento introspectivo (*samathavipassanā vasena*). Así, el desarrollo de la atención plena en la respiración (*ānāpānasatiyā bhāvanā*) debe ser comprendido en relación con los cuatro grupos de cuatro (*catunnañ catukkāranaṁ vasena*), que constituyen dieciséis bases (*soḷasavatthukāya*)].

27. D. III, 219: *Tayo samādhi. Savitakko savicārao samādhi, avitakko vicāra-matto samādhi, avitakko avicāro samādhi.*

[Hay tres tipos de concentración (*tayo samādhi*): 1. Concentración con aplicación inicial de la mente y exploración sostenida (*savitakko savicārao samādhi*); 2. concentración sin aplicación inicial de la mente, pero con exploración sostenida (*avitakko vicāra-matto samādhi*); y concentración sin aplicación inicial ni exploración sostenida de la mente (*avitakko avicāro samādhi*)].

NT: Esta es la base textual de la clasificación de los *jhānas* de acuerdo con cinco tipos descritos en el *Abhidhamma*. De acuerdo con esta clasificación los tipos de concentración del 1 al 3 mencionados arriba, corresponden a los tres primeros *jhānas*, respectivamente. Sin embargo, en el sistema clasificatorio de los *suttas*, el tipo 1 corresponde al primer *jhāna*, el tipo 2 no es mencionado, y el tipo 3 corresponde al segundo *jhāna*.

28. S. V, 329: *Ānāpānasatisamādhi kho Ānanda eko dhammo bhāvito bahulīkato cattāro satipaṭṭhāne paripūrenti. Cattāro satipaṭṭhāna bhāvitā bahulīkata satta bojjhaṅge paripūrenti. Satta bojjhaṅgā bhāvita bahulīkata vijjāvimuttiṁ paripūrenti.*

[Ānanda, la concentración basada en la atención plena de la respiración (*ānāpānasatisamādhi*) es una práctica única (*eko dhammo*) que, cuando se desarrolla y cultiva frecuentemente (*bhāvito bahulīkato*), completa los cuatro fundamentos de la atención plena (*cattāro satipaṭṭhāne paripūrenti*). Los cuatro fundamentos de la atención plena, cuando se desarrollan y cultivan frecuentemente, completan los siete factores de iluminación (*satta bojjhaṅge paripūrenti*). Los siete factores de iluminación, cuando se desarrollan y cultivan frecuentemente, completan el conocimiento y la liberación (*vijjāvimuttiṁ paripūrenti*)].

29. S. V, 323-4: *Yasmiṁ samaye Ānanda bhikkhu dīghaṁ vā assasanto dīghaṁ assasāmīti pajānāti, dīghaṁ vā passasanto dīghaṁ passasāmīti pajānāti, rassaṁ vā assasanto... rassaṁ vā passasanto..., sabbakāyapaṭisaṁvedī assasissāmīti sikkhati... passasissāmīti sikkhati, passambhayaṁ kāyasankhāraṁ assasissāmīti sikkhati... passasissāmīti sikkhati, kāye kāyānupassī Ānanda bhikkhu taṃ samaye viharati...*

*Yasmiṁ samaye Ānanda bhikkhu pītipaṭisaṁvedī assasissāmīti sikkhati..., sukhapaṭisaṁvedī..., cittasaṅkhārapaṭisaṁvedī..., passambhayaṁ cittasaṅkhāraṁ..., vedanāsu vedanānupassī Ānanda bhikkhu tasmiṁ samaye viharati....*

*Yasmiṁ samaye Ānanda bhikkhu cittapaṭisaṁvedī assasissāmīti sikkhati..., abhippamodayaṁ cittaṁ..., samādahaṁ cittaṁ..., vimocayaṁ cittaṁ..., citte cittānupassī Ānanda bhikkhu tasmiṁ samaye viharati....*

*Yasmiṁ samaye Ānanda bhikkhu aniccānupassī assasissāmīti sikkhati..., virāgānupassī..., nirodhānupassī..., paṭinissaggānupassī..., dhammesu dhammānupassī Ānanda bhikkhu tasmiṁ samaye viharati....* (Para leer el texto completo de las partes abreviadas, ver: la nota 4).

[Ānanda, cuando en cierto momento un bhikkhu, inhalando largo (*dīghaṁ assasanto*), comprende: "Inhalo largo" (*dīghaṁ assasāmīti pajānāti*), o exhalando largo (*dīghaṁ passasanto*), comprende: "Exhalo largo" (*dīghaṁ passasāmīti pajānāti*); inhalando corto (*rassaṁ assasanto*), comprende: "Inhalo corto" (*rassaṁ assasāmīti pajānāti*), o exhalando corto (*rassaṁ passasanto*), comprende: "Exhalo corto" (*rassaṁ passasāmīti pajānāti*); se entrena (*sikkhati*) así: "Percibiré todo el cuerpo [de la respiración] (*sabbakāyapaṭisaṁvedī*) mientras inhalo", y se entrena así: "Percibiré todo el cuerpo mientras exhalo"; se entrena así: "Calmaré las formaciones corporales (*kāyasaṅkhāraṁ*) mientras inhalo", y se entrena así: "Calmaré las formaciones corporales mientras exhalo"; en ese momento, Ānanda, el bhikkhu permanece contemplando el cuerpo en el cuerpo (*kāye kāyānupassī*).

Cuando en cierto momento un bhikkhu se entrena así: "Experimentaré gozo (*pītipaṭisaṁvedī*) mientras inhalo"'; se entrena así: "Experimentaré felicidad (*sukhapaṭisaṁvedī*) mientras exhalo"; se entrena así: "Percibiré las formaciones mentales (*cittasaṅkhāraṁ*)"; se entrena así: "Calmaré las formaciones mentales mientras exhalo"; en ese momento, Ānanda, el bhikkhu permanece contemplando las sensaciones en las sensaciones (*vedanāsu vedanānupassī*).

Cuando en cierto momento un bhikkhu se entrena así: "Experimentaré la mente (*cittapaṭisaṁvedī*) mientras inhalo"; se entrena así: "Alegraré la mente (*abhippamodayaṁ cittaṁ*) mientras exhalo"; se entrena así: "Estableceré la mente en concentración (*samādahaṁ cittaṁ*) mientras exhalo"; se entrena así: "Liberaré la mente (*vimocayaṁ cittaṁ*) mientras exhalo"; en ese momento, Ānanda, el bhikkhu permanece contemplando la mente en la mente (*citte cittānupassī*).

Cuando en cierto momento un bhikkhu se entrena así: "Contemplaré la transitoriedad (*aniccānupassī*) mientras inhalo"; se entrena así: "Contemplaré el desapego (*virāgānupassī*) mientras exhalo"; se entrena así: "Contemplaré el cese (*nirodhānupassī*) mientras exhalo"; se entrena así: "Contemplaré el abandono (*paṭinissaggānupassī*) mientras exhalo"; en ese momento, Ānanda, el bhikkhu permanece contemplando los fenómenos [de la experiencia] en los fenómenos (*dhammesu dhammānupassī*)].

30. S. V, 331-33: *Yasmiṁ samaye Ānanda bhikkhu kāye kāyānupassī viharatiupaṭṭhitasati,tasmiṁĀnandabhikkhunosatihotiasammuṭṭhā;yasmiṁ samaye Ānanda bhikkhuno upaṭṭhitasati asammuṭṭhā, satisambojjhaṅgo tasmiṁ samaye bhikkhuno āraddho hoti; satisambojjhaṅgaṁ tasmiṁ samaye Ānanda bhikkhu bhāveti; satisambojjhaṅgo tasmiṁ samaye bhikkhuno bhāvanā pāripūrīṁ gacchati; so tathā sato viharanto taṁ dhammaṃ paññāya pavicinati pavicarati parivīmaṁsaṁ āpajjati.*

*Yasmiṁ samaye Ānanda bhikkhu tathā sato viharanto taṃ dhammaṃ paññāya pavicinati pavicarati parivīmaṁsaṁ āpajjati; dhammavicayasambojjhaṅgo tasmiṁ samaye bhikkhuno āraddho hoti; dhammavicayasambojjhaṅgaṁ tasmiṁ samaye bhikkhu bhāveti. Dhammavicayasambojjhaṅgo tasmiṁ samaye bhikkhuno bhāvanapāripūrīṁ gacchati; tassa taṁ dhammaṁ paññāya pavicinato pavicarato parivīmaṁsaṁ āpajjato āraddhaṁ hoti vīriyaṁ asallīnaṁ.*

*Yasmiṁ samaye Ānanda bhikkhuno taṃ dhammaṃ paññāya pavicinato pavicarato parivīmaṁsaṁ apajjato āraddhaṁ hoti vīriyaṁ asallīnaṁ, viriyasambojjhaṅgo tasmiṁ samaye bhikkhuno āraddho hoti; viriyasambojjhaṅgaṁ tasmiṁ samaye bhikkhu bhāveti; viriyasambojjhaṅgo tasmiṁ samaye bhikkhuno bhāvanā pāripūrīṁ gacchati; āraddhaviriyassa uppajjati pīti nirāmisā.*

*Yasmiṁ samaye Ānanda bhikkhuno āraddhaviriyassa uppajjati pīti nirāmisā pītisambojjhaṅgo tasmiṁ samaye Ānanda bhikkhuno āraddho hoti, pītisambojjhaṅgaṁ tasmiṁ samaye bhikkhu bhāveti; pītisambojjhaṅgo tasmiṁ samaye bhikkhuno bhāvanā pāripūrīṁ gacchati; pītimanassa kāyo pi passambhati, cittaṁ pi passambhati.*

*Yasmiṁ samaye Ānanda bhikkhuno pītimanassa kāyo pi passambhati cittaṁ pi passambhati, passaddhisambojjhaṅgo tasmiṁ samaye bhikkhuno āraddho hoti; passaddhisambojjhaṅgaṁ tasmiṁ samaye bhikkhu bhāveti; passaddhisambojjhaṅgo tasmiṁ samaye bhikkhuno bhāvanā pāripūrīṁ gacchati; passaddhakāyassa sukhino cittaṁ samādhiyati.*

*Yasmiṁ samaye Ānanda bhikkhuno passaddhakāyassa sukhino cittaṁ samādhiyati, samādhisambojjhaṅgo tasmiṁ samaye bhikkhuno āraddho hoti; samādhisambojjhaṅgaṁ tasmiṁ samaye bhikkhu bhāveti; samādhisambojjhaṅgo tasmiṁ samaye bhikkhuno bhāvanā pāripūrīṁ gacchati. So tathā samāhitaṁ cittaṁ sādhukaṁ ajjhupekkhitā hoti.*

*Yasmiṁ samaye Ānanda bhikkhu tathā samāhitaṁ cittaṁ sādhukaṁ ajjhupekkhitā hoti, upekkhāsambojjhaṅgo tasmiṁ samaye bhikkhuno āraddho hoti; upekkhāsambojjhaṅgaṁ tasmiṁ samaye bhikkhu bhāveti; upekkhāsambojjhaṅgo tasmiṁ samaye bhikkhuno bhāvanā pāripūrīṁ gacchati.*

*Yasmiṁ samaye Ānanda bhikkhu vedanāsu, citte, dhammesu dhammānupassī viharati upaṭṭhitasati tasmiṁ samaye Ānanda bhikkhuno sati hoti asammuṭṭhā.*

*Yasmiṁ samaye Ānanda bhikkhuno upaṭṭhitasati hoti asammuṭṭhā, satisambojjhaṅgo tasmiṁ samaye bhikkhuno āraddho hoti, satisambojjhaṅgaṁ tasmiṁ samaye bhikkhu bhāveti; satisambojjhaṅgo tasmiṁ samaye bhikkhuno bhāvanā pāripūrīṁ gacchati. Yathā paṭhamaṁ satipatthānaṁ evaṁ vitthāretabbaṁ. So tathā samāhitaṁ cittaṁ sādhukaṁ ajjhupekkhitā hoti.*

*Yasmiṁ samaye Ānanda bhikkhu tathā samāhitaṁ cittaṁ sādhukaṁ ajjhupekkhitā hoti, upekkhāsambojjhaṅgo tasmiṁ samaye bhikkhuno āraddho hoti; upekkhāsambojjhaṅgaṁ tasmiṁ samaye bhikkhu bhāveti; upekkhāsambojjhaṅgo tasmiṁ samaye bhikkhuno bhāvanā pāripūrīṁ gacchati.*

*Evaṁ bhāvitā kho Ānanda cattāro satipaṭṭhānā evaṁ bahulīkata sattabojjhaṅge paripūrenti.*

[Ānanda, cuando en cierto momento (*yasmiṁ samaye*) un bhikkhu permanece contemplando el cuerpo en el cuerpo (*kāye kāyānupassī viharati*) con atención plena establecida (*upaṭṭhitasati*), en ese momento (*tasmiṁ samaye*) ese bhikkhu posee atención plena (*sati hoti*), no distraída (*asammuṭṭhā*). Ānanda, cuando en cierto momento un bhikkhu posee atención plena establecida y no distraída (*upaṭṭhitasati asammuṭṭhā*), en ese momento el factor de iluminación de la atención plena (*satisambojjhaṅgo*) está iniciado (*āraddho hoti*). En ese momento, el bhikkhu desarrolla (*bhāveti*) el factor de iluminación de la atención plena. El factor de iluminación de la atención plena, en ese momento, Ānanda, alcanza su pleno desarrollo (*bhāvanā pāripūrīṁ gacchati*). Mientras permanece así, con atención plena (*so tathā sato viharanto*), ese bhikkhu examina ese fenómeno (*taṁ dhammaṁ paññāya pavicinati*), lo investiga (*pavicarati*), y lo analiza completamente (*parivīmaṁsaṁ āpajjati*).

Ānanda, cuando en cierto momento un bhikkhu, permaneciendo así con atención plena, examina ese fenómeno (*dhammaṁ*) con sabiduría (*paññāya*), lo investiga (*pavicarati*) y lo analiza completamente (*parivīmaṁsaṁ āpajjati*), en ese momento el factor de iluminación de la investigación de los fenómenos (*dhammavicayasambojjhaṅgo*) está iniciado (*āraddho hoti*). En ese momento, ese bhikkhu desarrolla el factor de iluminación de la investigación de los fenómenos. El factor de iluminación de la investigación de los fenómenos, en ese momento, alcanza su pleno desarrollo (*bhāvanapāripūrīṁ gacchati*). Mientras examina, investiga y analiza completamente ese fenómeno con sabiduría, surge en él energía (*vīriyaṁ*) elevada (*āraddhaṁ*) e incansable (*asallīnaṁ*).

Ānanda, cuando en cierto momento en un bhikkhu que examina, investiga y analiza completamente ese fenómeno con sabiduría, surge energía elevada e incansable, en ese momento el factor de iluminación de la energía (*viriyasambojjhaṅgo*) está iniciado. En ese momento, el bhikkhu desarrolla el factor de iluminación de la energía. El factor de iluminación de la energía, en ese momento, alcanza su pleno desarrollo (*bhāvanā pāripūrīṁ gacchati*).

En aquel que tiene energía incansable (*āraddhaviriyassa*), surge gozo (*pīti*) no basado en los sentidos (*nirāmisā*).

Ānanda, cuando en cierto momento en un bhikkhu que tiene energía iniciada, surge gozo no basado en los sentidos, en ese momento el factor de iluminación del gozo (*pītisambojjhaṅgo*) está iniciado (*āraddho hoti*). En ese momento, el bhikkhu desarrolla el factor de iluminación del gozo. El factor de iluminación del gozo, en ese momento, alcanza su pleno desarrollo.

En aquel cuya mente está llena de gozo (*pītimanassa*), el cuerpo (*kāyo*) también se calma (*passambhati*) y la mente también se calma.

Ānanda, cuando en cierto momento en un bhikkhu que tiene energía iniciada surge gozo no basado en los sentidos, en ese momento el factor de iluminación del gozo está iniciado. En ese momento, el bhikkhu desarrolla el factor de iluminación del gozo. El factor de iluminación del gozo, en ese momento, alcanza su pleno desarrollo. En aquel cuya mente está llena de gozo, el cuerpo también se calma y la mente también se calma.

Ānanda, cuando en cierto momento en un bhikkhu cuya mente está llena de gozo, el cuerpo también se tranquiliza y la mente también se tranquiliza, en ese momento el factor de iluminación de la tranquilidad (*passaddhisambojjhaṅgo*) está iniciado. En ese momento, el bhikkhu desarrolla el factor de iluminación de la tranquilidad. El factor de iluminación de la tranquilidad, en ese momento, alcanza su pleno desarrollo. En aquel cuyo cuerpo está tranquilo (*passaddhakāyassa*) y que experimenta felicidad (*sukhino*), la mente se establece en concentración (*cittaṁ samādhiyati*).

Ānanda, cuando en cierto momento en un bhikkhu cuyo cuerpo está calmado y experimenta felicidad, su mente se establece en concentración, en ese momento el factor de iluminación de la concentración (*samādhisambojjhaṅgo*) está iniciado. En ese momento, el bhikkhu desarrolla el factor de iluminación de la concentración. El factor de iluminación de la concentración, en ese momento, alcanza su pleno desarrollo. Ese bhikkhu, con la mente así concentrada (*samāhitaṁ cittaṁ*), permanece observándola cuidadosamente (*sādhukaṁ ajjhupekkhitā hoti*).

Ānanda, cuando en cierto momento un bhikkhu, con la mente así concentrada, permanece observándola cuidadosamente, en ese momento el factor de iluminación de la ecuanimidad (*upekkhāsambojjhaṅgo*) está iniciado. En ese momento, el bhikkhu desarrolla el factor de iluminación de la ecuanimidad. El factor de iluminación de la ecuanimidad, en ese momento, alcanza su pleno desarrollo.

Ānanda, cuando en cierto momento un bhikkhu permanece contemplando las sensaciones, la mente y los fenómenos, con atención plena establecida, en ese momento, Ānanda, el bhikkhu posee atención plena no distraída.

Ānanda, cuando en cierto momento un bhikkhu posee atención plena establecida y no distraída, en ese momento el factor de iluminación de la atención plena (*satisambojjhaṅgo*) está iniciado. En ese momento, el bhikkhu desarrolla el factor de iluminación de la atención plena. El factor de iluminación de la atención plena, en ese momento, alcanza su pleno desarrollo...

... De la misma manera que el primer fundamento de la atención plena (*satipaṭṭhāna*) fue explicado, así también debe ser ampliado en detalle. Ese bhikkhu, con la mente así concentrada, permanece observándola cuidadosamente ...

Ānanda, cuando en cierto momento un bhikkhu, con la mente así concentrada, permanece observándola cuidadosamente, en ese momento el factor de iluminación de la ecuanimidad (*upekkhāsambojjhaṅgo*) está iniciado. En ese momento, el bhikkhu desarrolla el factor de iluminación de la ecuanimidad. El factor de iluminación de la ecuanimidad, en ese momento, alcanza su pleno desarrollo.

Así desarrollados y cultivados, Ānanda, los cuatro fundamentos de la atención plena (*cattāro satipaṭṭhānā*), completan los siete factores de iluminación (*sattabojjhaṅge*)].

31. *Kshaṇa* (la transliteración en Sánscrito del término pāli *khaṇa*). NT: *Khaṇa* significa "un instante", "un lapso extremadamente breve" y se usa para resaltar la enseñanza de que todo está en constante cambio. Cada momento existe, se desvanece y da lugar al siguiente, lo que refleja la naturaleza transitoria de los fenómenos. Se dice que la mente cambia en "*khaṇas*" sucesivos, enfatizando que incluso la conciencia es un flujo continuo de estos momentos, que son insubstanciales y carecen de esencia fija. Pero en el contexto del presente texto debe interpretarse como el acceso a la vía y el fruto de la liberación como sucediendo en un instante discreto, en un momento muy corto.

32. S.V,333; M 118: *Kathaṁ bhāvita ca satabojjh'aṅga kathaṁ bahulīkata vijjāvimuttiṁ paripūrenti? Idhānanda bhikkhu satisambojjhaṅgaṁ bhāveti vivekanissitaṁ ... upekkhāsambojjhaṅgaṁ bhāveti vivekanissitaṁ virāganissitaṁ nirodhanissitaṁ vossaggapariṇāmiṁ. 'Evaṁ bhāvita kho Ananda satabojjh'aṅga evaṁ bahulīkata vijjāvimuttiṁ paripūrenti.*

["¿Y cómo, Ananda, los siete factores de iluminación (*satabojjh'aṅga*) desarrollados (*bhāvita*) y cultivados frecuentemente (*bahulīkata*) completan el conocimiento y la liberación (*vijjāvimuttiṁ paripūrenti*)?

"Aquí, Ananda, un bhikkhu desarrolla el factor de iluminación de la atención plena (*satisambojjhaṅgaṁ bhāveti*), basado en el aislamiento (*vivekanissitaṁ*) ... desarrolla el factor de iluminación de la ecuanimidad (*upekkhāsambojjhaṅgaṁ bhāveti*), basado en el aislamiento, en el desapasionamiento (*virāganissitaṁ*), en el cese (*nirodhanissitaṁ*), y que culmina en el abandono (*vossaggapariṇāmiṁ*).

"Así, Ananda, desarrollados de esta manera (*evaṁ bhāvita*) y cultivados frecuentemente, los siete factores de iluminación completan el conocimiento y la liberación"].

NT: Aquí *nirodhanissitaṁ* se refiere a "basado en el cese" del sufrimiento o de las corrupciones o del devenir, siendo que todos estos términos son sinónimos de *Nibbāna*; esto culmina en el desprendimiento (*vossaggapariṇāmiṁ*) de todo sustrato de existencia o de cualquier traza de apego.

33. (a) Vis, 291 cita a: A. IV, 353: *Ānāpānasati bhāvetabba vitakkūpacchedāya.*

(b) A. III, 449: *Cetaso vikkhepassa pahānāya ānāpānasati bhāvetabba.*

(a) [La atención plena a la respiración (*ānāpānasati*) debe ser desarrollada (*bhāvetabba*) para cortar los pensamientos discursivos (*vitakkūpacchedāya*)].

(b) [La atención plena a la respiración debe ser desarrollada para abandonar la distracción mental (*cetaso vikkhepassa pahānāya*)].

# LISTA DE ABREVIATURAS Y SIGLAS

| | |
|---|---|
| A | Aṅguttara Nikāya. |
| BPS | Buddhist Publication Society. |
| Cp | Compare, compare con. |
| D | Dīgha Nikāya. |
| Ídem | Lo mismo que se mencionó anteriormente o indica que se repite algo de igual manera. |
| M | Majjhima Nikāya. |
| Mp | Papañcasūdanī –el comentario al Majjhima Nikāya. |
| NT | Nota del traductor. |
| P | Pregunta. |
| PTS | Pāli Text Society. |
| Pts | Paṭisambhidāmagga. |
| PtsA | Comentario al Paṭisambhidāmagga. |
| R | Respuesta. |
| S | Saṁyutta Nikāya (PTS). |
| Spk | Sāratthappakāsinī –el comentario (Aṭṭhakathā) al Saṁyutta Nikāya. |
| Sv | Sumaṅgala-vilāsinī –el comentario (Aṭṭhakathā) al Dīgha Nikāya. |
| PTS | Pali Text Society |
| Vbh | Vibhaṅga – "El Tratado del Análisis", el segundo tratado del Abhidhamma. |
| Vis | Visuddhimagga. |

# BIBLIOGRAFÍA


1. *Ānāpānasati Sutta* (M.118) – Mindfulness of Breathing, en *The Middle Length Discourses of the Buddha. A translation of the Majjhima Nikya*, Bhikkhu Ñāṇamoli and Bhikkhu Bodhi, cuarta edición, pp. 941–948, Wisdom Publications, Boston.
2. *Paṭisambhidāmagga*. 1 Mahāvagga. 1.2. Diṭṭhikathā, en *Mahāsaṅgīti Tipiṭaka Buddhavasse 2500*, www.suttacentral.net.
3. The Paṭisambhidāmagga (Path of Analysis) – Section on Mindfulness of Breathing (Ānāpānakathā), pp. 45–81, en *Mindfulness of Breathing. Buddhist Texts from the Pāli Canon and Extracts from the Pāli Commentaries.*, traducido del pāli por Bhikkhu Ñāṇamoli, séptima edición, 2015, Buddhist Publication Society, Inc., Kandy, Sri Lanka.
4. Mindfulness of Respiration, Section Four, Chapter the Eight, pp. 156–166, en *The Path of Freedom (Vimuttimagga)*, Arahant Upatissa Thera, traducido del chino por Rev. N.R.M. Ehara, Soma Thera, & Kheminda Thera, 1995, Buddhist Publication Society, Inc., Kandy, Sri Lanka.
5. *The Pali Text Society's Pali–English Dictionary*, T.W. Rhys Davids and William Stede, 2015, Pali Text Society, Reino Unido.
6. *Concise Pali–English Dictionary*, A.P. Buddhadatta Mahāthera, 2014, Motilal Banarsidass, PPL, Delhi.
7. *A Pali–English Glossary of Buddhist Technical Terms*. Compilado por Bhikkhu Ñāṇamoli. Editado por Bhikkhu Bodhi, segunda edición, 2017, Buddhist Publication Society (BPS), Kandy, Sri Lanka.
8. *Ānāpānassati-kathā. Exposición de la atención plena en la respiración.* Bhikkhu Nandisena, traductor (pāli-español). Copyright © 2025 Instituto de Estudios Budistas Hispano (IEBH). Publicación IEBH: 202501302-BN-T0050.

# SOBRE PARIYATTI

Pariyatti se dedica a proporcionar un acceso asequible a las auténticas enseñanzas del Buda sobre la teoría del Dhamma (*pariyatti*) y la práctica (*paṭipatti*) de la meditación Vipassana. A 501(c)(3) organización benéfica sin ánimo de lucro desde 2002. Pariyatti se sostiene gracias a las contribuciones de personas que aprecian y quieren compartir el incalculable valor de las de las enseñazas del Dhamma. Te invitamos a visitar www.pariyatti.org para conocer nuestros programas, servicios y formas de apoyar las publicaciones y otros proyectos.

## Editoriales de Pariyatti

***Vipassana Research Publications*** (centradas en la práctica de Vipassana tal y como la enseñó S.N. Goenka en la tradición de Sayagyi U Ba Khin)

***BPS Pariyatti Editions*** (títulos seleccionados de la Buddhist Publication Society, coeditados por Pariyatti)

***MPA Pariyatti Editions*** (títulos seleccionados de la Myanmar Pitaka Association, coeditados por Pariyatti)

***Pariyatti Digital Editions*** (títulos de audio y vídeo, incluidos los discursos)

***Pariyatti Press*** (títulos clásicos reimpresos y escritos inspiradores de autores contemporáneos)

## Pariyatti enriquece el mundo mediante:

- Difusión de las palabras del Buda
- Aportando sustento para el viaje del buscador
- Iluminando el sendero del meditador.

www.ingramcontent.com/pod-product-compliance
Lightning Source LLC
Chambersburg PA
CBHW022117040426
42450CB00006B/741
* 9 7 8 1 6 8 1 7 2 8 6 3 6 *